책은 전진한다
—책, 시간, 공간

이것은 1300년대 고려 시대에 제작된 직지심경의 일부입니다. 우리나라가 세계 최초의 금속 활자 인쇄본이라고 주장하는 바로 그 책이죠. 중·고등학교 시절 개량 한복을 입고 단소를 매로 삼으시던 국사 선생님께서 "구텐베르크 이전에 우리 민족이 세계 최초로 금속 활자를 만들었다!"라며 열정적으로 주장하시던 장면이 아직도 생생합니다.

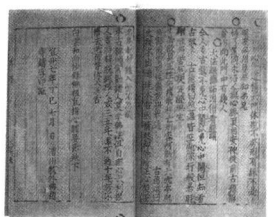

이미지 출처: 위키백과

하지만 그때 저는 '그런데 그 뛰어난 금속 활자 기술이 왜 오늘날까지 이어지지 못했을까?'하는 의문이 들었습니다. 이 궁금증을 해결하기 위해 구텐베르크의 42행 성경에 대해 공부하면서 그 이유를 알게 되었어요. 고려시대 뿐만 아니라 과거에 금속 활자로 제작된 책들은 주로 왕실이나 종교 단체에서 극히 제한된 권력층을 위해 만들어졌을 가능성이 큽니다. 즉, 당시 책은 대중을 위한 매체가 아니었던 것이죠. 반면에 구텐베르크는 소수만 독점하고 있던 신의 말씀, 즉 정보를 인쇄술을 통해 대중에게 널리 퍼뜨렸고, 이는 권력

[1]

구조의 변화를 초래했습니다. 물론 당시에도 책은 양피지에 인쇄되었기 때문에 가격이 터무니 없이 비쌌겠지만, 이를 복제하고 배포한다는 것 자체가 소수의 권력자들에게는 위협적인 일이었을 것입니다. 이러한 맥락에서 우리는 역사적으로 두 번의 중요한 변곡점이 있었다고 생각합니다. 첫 번째는 금속 활자의 발명으로 인쇄 속도가 획기적으로 빨라진 점, 두 번째는 제본 방식의 변화와 경제적인 제작 방식, 그에 따른 제작 과정의 간소화입니다. 이러한 변화 덕분에, 우리를 포함한 많은 사람들이 지식과 정보에 접근하는 문턱이 크게 낮아졌습니다. 과거에는 소수만이 접근할 수 있었던 화려하고 값비싼 책들 안에 고이 담겨 있던 정보와 지식이 이제는 페이퍼백처럼 저렴하고 흔하게 구할 수 있는 형태에 담기게 되었습니다. 결국, 이 두 가지 변화는 단순한 역사적 사실이 아니라, 인류가 지식에 직접 다다를 수 있게된 중요한 전환점이 되었다고 생각합니다.

이미지 출처: 위키백과

페이퍼백을 자세히 들여다보면, 제본 방식이 독특합니다. '핫멜트(hot melt)'라는 방식으로 접착제를 뜨겁게 녹여 종이를 붙인 후, 식히며 굳히는 제본 방식이죠. 이런 방식으로 만들어진 책들은 우리가 흔히 보는 저렴한 단행본처럼 탁탁 소리를 내며 접히고, 귀퉁이가 쉽게 닳는 특징을 가지고 있습니다.

책, 시간, 공간

이미지 출처: 위키백과

 페이퍼백의 등장에는 영국의 출판사 펭귄북스가 큰 역할을 했어요. 중산층의 성장과 귀족 계급의 몰락으로 문맹률이 낮아지고, 더 많은 사람이 활자를 접할 기회를 갖게 되면서 "나도 저 소설을 읽고 싶다" 혹은 "저런 지식을 알고 싶다"는 욕구가 생겨났죠. 펭귄북스는 이러한 시장의 흐름을 빠르게 읽고 상업적으로 잘 풀어낸 대표적인 사례라고 할 수 있습니다. 이전까지 책이나 문학 작품은 지금의 페이퍼백과는 달리, 더 고급스럽고 정형화된 공예품에 가까운 형태였어요. 하지만 이제 우리는 가볍고 실용적인 페이퍼백 덕분에 누구나 손쉽게 책을 접할 수 있는 시대를 살고 있습니다. 이러한 변화는 독서 문화의 확산에 큰 기여를 했다고 생각합니다.

이미지 출처: 위키백과

대표적으로 많이 언급되는 페이퍼백 중 가장 진일보한 사례가 존 버거의 『보는 방법(Ways of Seeing)』입니다. 이 책은 영국의 그래픽 디자이너 리처드 홀리스, 지식인이자 사상가인 존 버거, 그리고 영국의 공영방송국 BBC, 이 세 주체의 협업을 통해 만들어졌다고 볼 수 있습니다. 이 책의 구성은 일반적인 독서의 흐름과는 조금 다릅니다. 그 이유는 이 책이 텔레비전 프로그램과 동시에 기획되었기 때문이에요. 책에서는 사람들이 현상이나 대상을 바라보는 다양한 관점에 대해 존 버거가 이론적으로 풀어내고, 이를 직접 TV에서 나레이션으로 설명하기도 했습니다. 그렇다면 이러한 영상 매체의 구조를 책의 레이아웃에서 어떻게 보여주는 것이 적절할까요? 이에 대한 정답은 없지만, 리처드 홀리스는 자신만의 방식으로 그 해답을 제시했습니다. 본문이 책 표지에서부터 바로 시작되는 파격적인 구성은 책 속 이미지를 페이지마다 중앙 정렬로 배치하여 이어지며, 화면이 위에서 아래로, 좌에서 우로 흐르는 방식으로 전개됩니다. 여기에 덧붙여진 본문(TV 나레이션)은 깊이 있는 단락 구분으로 표현되었으며, 일정한 기준 축을 따라 배치해 마치 영화의 엔딩크레딧 같은 흐름을 형성하고 있습니다. 즉 지면이 아니라 화면을 상상하며 작업한 듯 보입니다. 또한, 캡션의 방향을 돌려 배치함으로써 일반적인 선형적 텍스트와는 다른 성격의 글이라는 점을 직관적으로 보여주고 있기도 합니다. 이 책에서 가장 눈에 띄는 조판 방식은 본문에 사용된 굵은 서체입니다. 일반적으로 본문 조판은 가독성을 고려해 비교적 얇은 세리프 서체를 사용하지만, 『보는 방법』에서는 거의 볼드에서 블랙에 가까운 두꺼운 활자체를 사용해 본문을 조판했습니다. 이러한 선택은 독자로 하여금 시각적으로도 강한 인상을 남기는 요소로 작용합니다. 현재 이 책은 본문 조판을 거의 그대로 유지한 채, 표지만 새롭게 디자인하여 여전히 펭귄북스에서 출간되고 있습니다. 단순히 책만으로 작동하는 작업이라기보다는, 책이 여러 매체를 잇는 매개체로서 기능한 사례라고 할 수 있습니다.

이제 책은 단독으로 존재하는 것이 아니라, SNS와 연계되거나 유튜브 채널과 함께 작동하며, 때로는 오프라인 행사인 북 페어와 결합하는 등 하나의 매개체로서 기능하는 경향이 강해졌습니다. 과거에는 책이 독자와 저자를 1:1로 연결하는 매체였다면, 이제는 다른 매체와 유기적으로 확장되며 일종의 '하이퍼링크' 역할을 하고 있다고 볼 수 있습니다. 특히 우리는 화려하거나 실험적인 책보다는 독자들에게 익숙한 포맷을 기반으로 하되, 이를 조금씩 업데이트하면서 다른 매체로 확장할 방법을 고민합니다. 즉, 접근성과 경제성, 합리성을 고려하며 최적의 균형을 찾는 과정에서 가장 큰 보람을 느끼고 있습니다.

이미지 출처: 야키백과

페이퍼백1에 대하여

신동혁: 해옥 씨와 페이퍼백에 대해 이야기하면서, 우리가 만든 책 대부분이 페이퍼백이거나 그 변형이라는 점을 깨달았어요. 돌이켜보면, 책을 만들 때 자연스럽게 페이퍼백을 기준으로 삼아왔던 것 같아요. 그 이유는 여러 가지가 있겠지만, 가장 큰 이유 중 하나는 제한된 예산이에요. 우리가 진행하는 출판 프로젝트 대부분이 적은 예산 안에서 이루어지기 때문에, 페이퍼백의 경제성은 중요한 요소죠. 동시에 페이퍼백은 형식적으로 완결성이 있기 때문에, 완전히 새로운 구조를 만들 필요 없이 기존 형식을 약간 업데이트하거나 재해석하는 방식으로도 의도를 효과적으로 전달할 수 있어요. 그래서 아이디어를 구상하고 레퍼런스를 참고하는 과정에서도 자연스럽게 페이퍼백을 기준으로 삼게 되고, 그 위에서 다양한 방향을 전개해 나가게 됩니다. 물론 프로젝트마다 구체적인 과정은 다를 수밖에 없어요. 클라이언트와의 관계, 의도, 취향 등을 조율하면서 지속적으로 수정해 나가야 하고, 결국 각각 다른 결과물이 나오게 되죠.

---

1 페이퍼백(paperback) 혹은 소프트커버(softcover)는 제본 방법에 따라 분류한 책의 한 종류이다. 보통 책의 표지가 종이로 되어 있으며, 책을 구성하는 종이들은 양장본 혹은 하드커버처럼 실로 묶여 있지 않고 접착제로 붙어 있다. 이런 형식으로 만들어진 값싼 책들은 최소한 19세기 때부터 서구권에서 10센트 소설(dime novels)이나 소책자(pamphlet) 등 여러 가지 형태로 존재해 왔다. 페이퍼백의 종류에는 한국어로 흔히 말하는 페이퍼백(Trade Paperback)과 문고판(Mass-Market Paperback) 이 두 가지로 크게 나뉜다. 값싼 종이와 싼 제본비, 그리고 표지에 큰 돈을 들일 필요가 없다는 점은 특히 양장본의 원가와 비교해 볼 때 페이퍼백을 더 싸게 만들 수 있도록 해 준다.

임경용: 우선 두 분은 각자 페이퍼백을 어떻게 생각하시는지 이야기해주세요.

> 신해옥: 우리는 책을 만들 때마다 매번 목업(mock-up)[2] 공책을 만들지는 않아요. 필요에 따라 제작하곤 합니다. 예전에 디자인 회사에서 일할 때 생각해보면, 그때는 지금이랑 많이 달랐어요. 클라이언트와 피드백을 주고받는 방식이 지금처럼 긴밀하지 않았거든요. 주로 기업에서 제작비를 제공하고, 어떤 책을 만들어 달라는 막연하고 추상적인 요청을 받았어요. 그래서 그 요청을 구체화하고 쉽게 소통하기 위해 목업을 만들곤 했죠. 책의 크기나 질감을 조정하면서 점차 형태를 완성해나가는 방식이었어요.
>
>   목업을 만들면 책이 어떤 모습이어야 하는지 상상할 수 있는 과정이 생기는데, 이 과정에서 목업이 마치 책의 원형(prototype)처럼 기능한다는 생각이 들어요. 특히 페이퍼백과 비슷한 면이 있다고 느껴요. 우리가 책을 만들 때 가장 중요하게 생각하는 것은 독자들에게 책이 어떻게 보이고, 어떻게 읽힐지인데, 목업을 만들면 이러한 고민들이 좀 더 명확해지는 것 같아요. 그래서 자연스럽게 페이퍼백을 책의 기본적인 형식이나 원형으로 인식하게 된 거죠.

임경용: 그러니까 페이퍼백은 그 자체로 완결된 형식이지만, 책의 원형으로 기능하는 목업과도 비슷한 개념이라는 거네요.

---

2   목업은 실제품을 만들기 전 출간될 책의 형식을 검토하기 위해 시제품을 제작하는 것을 말한다. 오늘날에는 많은 사람들이 실제 책처럼 보이게 해 주는 포토샵 파일을 목업으로 지칭한다는 점이 흥미롭다. 여기에서는 전자인 책의 실물을 가늠하기 위해 만든 가제본을 뜻한다.

신해옥: 양장본을 만들더라도 책을 직접 잡아보고 크기가 적절한지, 내용과 맞는 물질적 형식인지 경험하는 과정이 필요하다고 생각해요. 보통 목업을 통해 물리적인 사양을 결정하니까요. 그래서 가장 먼저 단순한 공책 형태의 목업을 만들고, 그 이후에 문서 인쇄 등을 의뢰해 좀 더 정밀한 목업을 제작하는 경우도 있어요. 하지만 그전에 목업 자체는 책의 원형을 감각하는 과정으로서 중요해요. 마치 건축 모델링 작업과 같은 개념이고, 우리도 종이를 접고 결합하면서 이 형식이 내용이나 아이디어에 적절하게 어울리는지 검토한 후에야 다음 단계로 나아갈 수 있어요. 그래서 우리에게 목업은 단순한 샘플이 아니라, 책의 본질적인 형식을 탐색하는 도구이고, 이 과정이 결국 페이퍼백이라는 형식과 맞닿아 있다고 느껴요.

신동혁: 그리고 페이퍼백은 우리가 가장 익숙한 책의 형태잖아요. 그래서 여기에 새로운 시도를 하거나 실험을 했을 때, 그 아이디어나 개념이 더욱 뚜렷하게 드러나는 효과가 있는 것 같아요. 개념 미술가들의 책이 대부분 소박한 페이퍼백 형식이라는 점을 상기해 봐도 그렇죠.

신해옥: 양장본이나 정교하게 제작된 책은 외형이 먼저 눈에 띄기 때문에, 가끔 책을 보자마자 "와, 정말 잘 만들었다"거나 "제작비가 꽤 들었겠구나"라는 생각이 드는 경우가 있어요. 반면에 페이퍼백은 책의 내용과 더 직접 연결되는 느낌을 줍니다. 아까 목업 얘기도 했지만, 페이퍼백은 일종의 '알맹이' 같은 역할을 해서 독자가 물리적 형식보다 내용 중심으로 책을 받아들이도록 돕는 것 같아요. 비약일 수도 있지만, 독자가 책

에 더 쉽게 공감할 수 있는 형식이라고 볼 수 있죠. 이와 관련해서 우리가 좋아하는 솔 르윗(Sol Lewitt)의 아티스트북을 예로 들 수 있을 것 같아요. 그의 책들은 거의 다 페이퍼백으로 만들어졌는데, 이유는 그 작업에서 형식보다 개념이 더 중요했기 때문이에요. 단순한 종이 형태로도 그가 전달하고자 하는 개념을 잘 표현할 수 있었고, 특히『The Location of Lines』같은 시퀀스가 중요한 책에서는 불필요한 형식적 요소를 최소화하는 것이 훨씬 효과적이었죠. 만약 이 책이 양장본으로 제작되었다면, 독자는 개념이나 내용보다 디자인이나 형식미에 먼저 주목하게 되었을 거예요.

신동혁: 우리가 책에 대해 진지하게 고민하다 보면, 결국 책이 무언가를 실어 나르는 '컨테이너' 역할을 한다는 점을 다시 생각하게 돼요. 그런데 그 컨테이너가 너무 화려하게 꾸며지거나 사양이 높아지면, 오히려 콘텐츠와의 시너지를 발휘하기보다 본질을 흐리는 경우가 많더라고요. 일반화할 수는 없지만, 우리가 주로 다루는 콘텐츠를 생각해봤을 때, 책의 형식이 간단하고 군더더기가 없을수록, 전달하고자 하는 아이디어가 더 명확하게 드러나는 경우가 많아요. 그래서 점점 더 단순한 형식을 선호하게 되는데, 페이퍼백처럼 '인지하지 못할 만큼 자연스러운 책의 형식'일 때 오히려 내용이 더 부각된다고 생각해요. 이런 방식이 독자에게도 더 깊은 인상을 남기지 않을까 싶습니다.

임경용: 이거 굉장히 역설적인 발언 같은데요. 왜냐하면 사람들이 신신에 대해 가지고 있는 선입견을 보면, 제작비가 많이 들고, 실험적이고 특이한 책을 만드는 곳이라고 생각하는 경우가 많거든요.

신동혁: 맞아요. 사실 "특이한 걸 만들어달라"거나 "실험적인 디자인을 해달라"는 요청이 많은 편이에요. 그런데 실제로 우리가 만드는 책의 형식은 꽤 평범한 경우가 많습니다. 다만, 소재나 조합 방식이 조금 낯설다 보니, 책을 읽거나 볼 때 새로운 방식으로 내용을 받아들이게 되고, 그로 인해 편견이나 선입견이 생기지 않았나 싶어요. 우리는 실험을 위한 실험보다는 독자가 책을 읽으면서 자연스럽게 새로운 방식으로 사고할 수 있는 여백을 만들어주는 게 더 중요하다고 생각해요. 그래서 우리가 만든 책들은 보통 책장의 규격에 맞지 않거나 지나치게 무겁거나 보관하기 어려운 것들이 거의 없어요. 후가공이 과하게 들어간 책도 많지 않고요. 활동 초반에는 화려한 사양의 책도 있었지만, 점점 그런 요소들을 덜어내려 하고 있어요. 결국, 책이 어떻게 읽히는가에 대한 고민이 깊어지고 있다고 할 수 있죠.

『개별꽃』
2018, 화원, 신동혁 디자인

임경용: 이제 『개별꽃』에 대해 이야기를 해보면 좋을 것 같은데 이것이 화원의 첫 번째 책이면서 해옥 씨가 기획했던 전시의 결과물이기도 하고 동혁 씨가 디자인을 했어요. 제가 생각했던 것보다 훨씬 더 소박한 책이 나와서 놀랐던 것 같아요. 전형적인 페이퍼백이었던 거죠.

신동혁: 『개별꽃』은 해옥 씨가 클라이언트로 저에게 의뢰한 책이에요. 해옥 씨는 몇 가지 구체적인 요청을 했는데, 책이 하

얇고 부드럽게 잘 펼쳐지며, 글자가 진하게 인쇄되길 원했어요. 또, 디자인이 요란하지 않고 클래식한 느낌을 주며 몇 년 후에도 질리지 않는 디자인이었으면 좋겠다고 했죠. 이런 요구를 바탕으로 해옥 씨의 영어 논문의 형식을 참고하고, 타이포그래피나 이미지를 처리하는 방식을 분석하면서 한국어와 영어를 병기했을 때 가장 적절한 형식을 찾으려고 고민하며 디자인을 시작했습니다. 그 결과물이 바로 이 책이에요. 우리는 궁극적으로 책의 형식이 어떤 것이어야 하는지에 대해 고민해 왔는데, 이 책이 그 답에 가까웠습니다. 평범하면서도 특별한, 사람들에게 궁금증을 불러일으키는 시도를 해보고 싶었고, 이 프로젝트는 우리가 원하는 방식대로 자유롭고 진지하게 실험할 수 있는 기회였어요.

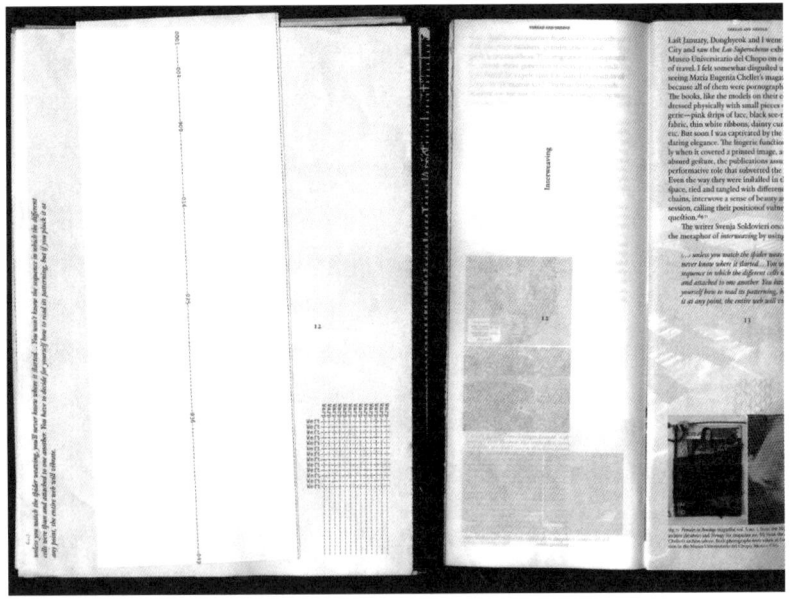

신혜옥이 예일대학교 그래픽디자인 대학원 석사논문 [Unthreading, Seamless Stitching, and Interweaving](2019)

임경용: 그러면 원래 의도대로 된 거예요.

신해옥: 제가 상상했던 것과 거의 유사한 형태로 책이 완성된 것 같아요. 서문(preface)에서는 선집(anthology)³이라는 말의 유래에 대해 이야기하는데, 실제로 그리스어로 선집은 "꽃을 모으다"라는 뜻이에요. 그리스 시대의 철학자들이 빈 수첩 같은 곳에 자신이 좋아하는 글을 모아서 책을 완성하는 것에서 시작된 개념이죠. 결국 하나의 주제를 가지고 여러 흩어져 있는 것들을 모으는 것을 의미합니다. 그래서 우리는 이 선집의 이름을 '게더링 플라워즈(gathering flowers: 꽃을 모으다)'라고 붙였고, 이 책이 일종의 수첩 같은 느낌을 주었으면 했어요. 실제로 만들어진 책도 그런 느낌이 들죠. 그래서 화려할 필요는 없다고 생각했고, 제가 갖고 싶은 수첩은 어떤 것인지 고민하면서 동혁 씨에게 주문했어요.

이 책과 함께 만든 전시에서 선보인 다른 한 권은 작품으로서의 책에 더 가까운 형식을 가지고 있어요. 실제 전시장에서 퍼포머가 사용했으며, 전시에 작품으로 전시되었던 책입니다. 그 책은 내용을 읽는 사람의 몸짓과 동선을 상상하고, 그에 맞춰 각각의 페이지가 만들어졌어요. 그래서 페이지가 다르게 펼쳐지며, 읽는 사람이 책을 머리에 쓰기도 하고 뚫린 구멍을 통해 반대쪽 페이지를 읽는 형태로 구성되었죠. 『개별꽃』이 페이퍼백으로서 일종의 수첩 같은 것이라면, 다른 책은 퍼포먼스를 위한 도구와 같은 역할을 합니다.

신동혁: 대부분 우리가 만들려는 책들은 이러한 형태에 가까운 것 같아요. 그러면서 작가나 큐레이터, 출판을 맡은 분들이 어

---

3   선집(anthology)은 하나의 주제나 스타일을 중심으로 여러 작가 또는 여러 작품을 모아 엮은 책이나 컬렉션을 의미한다.

떤 재료나 인상을 원하느냐에 따라 판형이 커지기도 하고, 종이가 비도공지에서 광택지로 바뀌기도 하죠. 제본 방식도 판형이나 컨텐츠에 따른 디자인 기획에 따라 달라질 수 있어요. 판형이 작아질수록 책이 잘 펼쳐지지 않기 때문에 사철 제본을 선택해 펼침성을 높이고, 면적을 최대한 활용하려고 해요. 반면, 판형이 클 경우에는 굳이 그렇게 펼쳐질 필요가 없을 때도 있어서 비교적 저렴한 제본 방식을 선택하는 경우도 있죠. 결국, 기본적으로는 저런 형태에서 확장하거나, 재해석되거나, 업데이트되는 과정을 거치면서 책의 형식이 계속 변화하고 있는 것 같아요. 그리고 제작비를 절감하는 것도 점점 더 중요한 요소가 되고 있어서, 그런 부분을 항상 의식하면서 작업하고 있어요.

신해옥: 이 책을 사철 제본으로 제작한 이유는 앞서 말씀드린 것처럼 책을 수첩처럼 상상했기 때문이에요. 사람들이 수시로 펼쳐보고 업데이트할 수 있는 형태를 고려했죠. 성경책을 예로 들어볼 수 있는데, 성경책은 책상 위에 두고 통독하기도 하지만, 손에 쥐고 가방에 넣고 다니면서 특정 장과 구절을 찾아보는 경우가 많잖아요. 그래서 성경책은 가볍고 유연한 형태로 만들어지면서도 내구성이 매우 중요한 책입니다.

신동혁: 예전에 영국 디자이너 존 모건(John Morgan)이 『Common Worship』이라는 기도서의 제작 과정을 코믹하게 다룬 단편영화4가 있어요. 그 영화에서 클라이언트인 목사님들이 디자인에 주목하기 보다, 목업으로 만든 책을 던져보거나 찢어보고, 촛농을 떨어뜨리며 내구성을 테스트하는 장면이 등장하는

---

4 2011년 마이클 하비(Michael Harvey)와 존 모건(John Morgan)이 만든 〈블랭크 더미(Blank Dummy)〉라는 2분 30초짜리 단편영화이다. 여기서 영상을 볼 수 있다. <www.youtube.com/watch?v=wHHeM-t8Z4U>

데요. 웃픈 상황이 그려지지만, 그만큼 책의 성격이나 목적에 따라 중요하게 생각하는 가치가 달라질 수 있고, 그것이 디자인이나 제작 방식에 큰 영향을 미친다는 것을 시사하고 있죠. 이런 경험은 우리가 책을 만들 때도 큰 교훈이 되며, 어떤 기능이나 사용성을 중시해야 할지를 고민하게 만듭니다.

이미지 출처: 론 모건 스튜디오 웹사이트(<morganstudio.co.uk>)

임경용: 맞아요. 『개별꽃』은 정말 내구성이 뛰어나요. 그런데 궁금

한 게 시간이 지나면서 약간 바랜 느낌이 있는데, 본문의 이미지도 그런 바랜 느낌의 별색으로 인쇄되어 있어서 종이의 색감과 자연스럽게 어우러지는 것 같아요. 이런 점도 의도했던 건가요?

신동혁: <mark>이 책 안에 포함된 도판들은 별색으로 인쇄했는데, 사용한 색상이 바랜 종이의 색과 유사한 팬톤 컬러예요.</mark> 그래서 이 책이 언젠가 낡아가면서 이런 빛깔을 띠게 된다면 재미있겠다고 생각했죠. 우리는 "책이 낡을수록 더 아름다워지는 책을 만들고 싶다"는 이야기를 자주 합니다. 어떤 책들은 새로 산 전자제품처럼 처음 개봉했을 때가 가장 예쁘지만, 반대로 어떤 책들은 손때를 타고 시간이 지나면서 더욱 아름다워지는 경우가 있어요. 이 책은 후자의 경우가 되기를 바랐습니다. 그런 변화가 책의 매력을 더할 것이라고 믿어요.

신해옥: 이 책 서문에도 나오지만, 예전에 '커먼플레이스 북스(Commonplace Books)'라고 불리는, 옛날 앤솔로지의 원형 같은 노트를 도서관에서 빌려본 그 책들은 너무 오래되어서 마른 나뭇잎처럼 바스라질 정도로 낡아 있었죠. 그래서 장갑을 끼고 정말 조심스럽게 페이지를 넘겨야 했어요. 당시 사람들의 취향과 관심사가 잘 담긴 기록물이었는데, 이 책도 시간이 지나도 그 당시의 흔적을 간직할 수 있는 책이 되면 좋겠다는 바람이 있었어요. 그런 면에서 책의 내구성 또한 중요한 요소라고 봤어요.

임경용: 그러면 이제 의도적으로 처음부터 그냥 바래 보이게 만든 책에 대해 이야기해볼까요?

『영화도둑일기』

미디어버스, 2024, 한민수 지음

신동혁: 『영화도둑일기』는 어렸을 때 문방구에서 팔던 해적판 만화책에서 많은 영감을 받았어요. 대학교 앞의 복사집에서는 학생들 참고 도서를 불법 복제해서 판매하곤 했죠. 요즘은 그런 문화가 사라졌지만, 그 당시에는 마치 진짜 책처럼 표지가 그럴듯하게 인쇄되고 제대로 제본되어 아주 저렴하게 팔렸어요. 이런 경험들이 우리에게 남아 있다 보니, 해적판 책의 다양한 요소들을 차용해보고 싶었어요. 보통 디자인을 정식으로 배운 사람들은 피하는 방법이기도 하지만, 책의 주제가 해적질에 관한 것이니까 그런 요소들을 책 안에 녹여보면 어떨까 생각했죠. 이 책이 잘 팔려서 곧바로 2, 3쇄가 나오게 되었는데, 가짜로 낡은 티셔츠를 만드는 다잉 워싱 방식에서 아이디어를 얻어 점점 물이 빠지는 듯한 효과를 주면 재밌겠다고 생각했어요. 그리고 앞표지의 바코드 위치도 미묘하게 변화하게 디자인했어요. 사실 저는 책이 새로 찍히면 내용이 동일하더라도 다른 책이 된다고 생각하거든요. 그래서 그런 부분을 표지에서도 드러내고 싶었던 것 같아요.

임경용: 이 책은 물론 내용도 재미있지만 디자인이나 제작도 재미있어요. 사실 일반 독자들은 미디어버스 책의 디자인을 좋지 않게 보는 경우가 많아요. 좀 낯설게 보는 것 같기도 하고요. 특히, 영화 쪽 독자들은 책에 대해 상당히 보수적인 관점을 가지고 있는 것 같아요. 그런데 이 책은 상당히 급진적인 디자인 관점을 가지고 있음에도 불구하고 독자들이 잘 받아들인 것 같아요.

신동혁: 저도 왜 그런지는 잘 모르겠지만, 어쨌든 책을 고전적인 레이아웃으로 설정하고, 사람들에게 익숙한 서체를 사용하여 디자인했어요. 양끝 맞춤도 하고 여백도 다른 책들보다 더 많이 확보했죠. 책을 많이 읽어온 독자들에게 익숙할 만한 디자인과 페이퍼백을 기본 포맷으로 설정했어요. 하지만 동시에 글자가 조금 번져 보이는 효과나 이미지의 거친 해상도를 그대로 유지하는 등의 처리를 하여, 일반적인 디자인과는 차별화된 느낌을 주려 했습니다. 이런 접근 방식이 독자에게 새로운 경험을 제공하면서도 동시에 편안함을 유지할 수 있기를 바랐어요.

신해옥: 재미있는 부분은 우리가 어떤 의도를 가지고 디자인을 했을 때, 독자들이 그것을 어떻게 수용할지는 전혀 예측할 수 없다는 거예요. **예를 들어, 어떤 독자는 이 책이 디자인을 전혀 하지 않은 것처럼 느껴진다고 하기도 했고, 또 다른 사람은 아래아 한글 프로그램으로 아마추어가 디자인한 것 같다는 피드백을 주기도 했죠.** 이런 반응들은 우리가 의도했던 것과 전혀 다른 해석을 불러일으킬 수 있다는 점에서 흥미로워요. 독자마다 각기 다른 배경과 경험이 있기 때문에, 같은 작품도 다르게 읽힐 수 있다는 사실은 디자인의 복잡성과 매력을 동시에 보여주는 것 같아요.

신동혁: 저는 극찬이라고 생각해요. (웃음)

임경용: 그러면 아마추어리즘의 맥락에서 얘기할 수 있는 다른 책이 또 있을까요?

『민메이 어택: 리-리-캐스트』
시청각, 2016, 돈선필 기획

신해옥: 이 책은 2016년에 돈선필 작가의 의뢰로 제작된 것으로, 아마추어리즘과 연결되는 부분이 있어요. 전체적인 형식은 우리가 어릴 때 많이 읽던 주간 만화잡지와 비슷하지만, 일종의 앤솔로지라고 할 수 있죠. 예전에 소년 챔프나 보물섬 같은 만화 잡지들이 많이 발행됐잖아요. 이러한 잡지들은 한 권에 여러 만화의 부분이 실리고 매달 연재되며 업데이트되는 형태로, 이것도 일종의 앤솔로지에 해당하는 거죠. 『민메이 어택』을 작업하며 동혁 씨와 나눈 이야기는, 이 책이 '열화-복제'에 대한 이야기니 만큼, 필자들의 글도 원래 존재했던 책에서 일부를 가져와 찢어서 묶는 개념으로 가자고 했어요. **그래서 이 책에 실린 여러 에세이는 타입 세팅이나 디자인이 모두 다르게 구성되어 있습니다.** 이 책은 하나의 통일된 형식으로 완결되지 않기를 바라며, 각 필자의 목소리를 강조하고 그들이 느슨하게 공유하는 가치의 차이를 드러내고 싶었죠. 그래서 저급한 만화 잡지의 형식을 일부러 차용해 디자인하게 되었습니다.

신동혁: 어릴 때 만화책 대여점을 자주 갔었는데, 그 당시 모든 만화책이 페이퍼백이었어요. 값싸고 거친 종이에 무선 제본, 그리고 먹 인쇄가 기본 사양이었죠. 그런데 가끔 보면 사람들이 중요한 장면을 뜯어간 책이 있기도 했어요. 때로는 라면 국물이 튀어 있거나, 독자들이 책에 무언가를 덧붙여 놓은 흔적이 남아 있는 경우도 있었죠. 그 순간에 저는 잉크가 발린

저질 종이로 만들어진 아주 흔한 책이, 갑자기 특별한 무언가로 바뀌었다는 인식을 하게 되었어요. 이런 요소들이 책을 평범한 존재에서, 독자와의 상호작용을 통해 특별한 사연을 지닌 것으로 변화시키는 역할을 한다고 느꼈죠. 그런 경험이 저에게는 아주 일반적인 책에서 새로운 가치를 발견하게 만든 중요한 순간들이었습니다.

또한 이 책을 기획한 돈선필 작가는 피규어 문화를 바탕으로 복제품과 그로 인해 비롯된 열화성을 꾸준히 작업의 형태로 선보이고 있어요. 그래서 복제품들 사이에서도 일련번호와 에디션을 갖는 피규어의 특징을 이 책에도 담고 싶었습니다. 책도 복제되고 대량으로 생산되는 물건이니까요. **무선 제본된 이 책의 '알맹이'는 395부로 대량 복제되었지만, 각 권에는 395개의 다른 디자인을 가진 자켓을 씌워 각 권이 서로 다른 일련번호를 갖는 형식으로 완성되게 했어요.** 이렇게 함으로써 독자들에게 각 권이 고유성을 지닌다는 것을 전달하고자 했습니다. 이런 방식이 책의 복제와 소유에 대한 아이디어를 더욱 풍부하게 만들었어요.

『엑스포츠 온 페이퍼:
글로벌 사우스에서 출판 실천을 추출하기』
미디어버스, 2024, 장원쉬안 지음

신동혁: 『민메이 어택』에서 글을 쓴 사람들의 서로 다른 의도를 타이포그래피나 본문 조판 등을 통해 직관적으로 전달하고 싶었다면, 『엑스포츠 온 페이퍼: 글로벌 사우스에서 출판 실천을 추출하기(Xsport on Paper: Samplings of Publishing

Practices from the Global South)』의 경우에는 일관된 구성을 가지면서도 마치 책의 제본이 마무리되어 있지 않은 것처럼 디자인하여, 여전히 이 책에 담긴 리서치와 연구가 진행 중이라는 메시지를 전달하고 싶었어요. ==책 표지를 펼치면 지도가 나오는데, 일반적인 책과는 달리 표지를 내지와 접착하지 않았습니다.== 이 책은 책이 되기 직전의 상태로, 독자들은 이러한 상태에서 읽게 되는 거예요. 이 책은 글로벌 사우스 지역에서 여러 역경 속에서도 도전적으로 출판 운동을 하는 분들의 이야기를 담고 있으며, 그런 출판 과정을 강조하고 싶어서 이렇게 디자인했습니다. 또한, 분리된 표지에 있는 지도를 따로 참고하면서 내지를 읽을 수 있도록 구성하여, 독자가 책의 콘텐츠를 더욱 다각적으로 탐색할 수 있도록 했습니다. 이렇게 디자인한 것이 독자에게 더욱 풍부한 경험을 제공할 수 있기를 바랐습니다.

신해옥: 최종적으로 제작 사양을 결정할 때 책과 표지를 결합할지 여부를 고민하게 됩니다. 만약 표지를 붙이면 일반적인 책이 되지만, 그냥 열어두면 완성되기 직전의 일시적으로 묶인 형태가 드러나게 되죠. 또한 이 책에는 면지가 빠져 있어요. 일반적인 소프트커버 제본 책과 달리, 알맹이만 남아서 독자들에게 좀 더 직접적이고 캐주얼하게 노출된 상태로 이 내용을 전달하고 싶었던 것 같아요. 이러한 접근 방식은 독자에게 책의 본질을 더 가까이 느낄 수 있는 기회를 제공할 뿐만 아니라, 출판 과정의 실험적이고 유동적인 측면을 강조하는 데도 도움이 됩니다.

『"이 전시장에서 누군가는 라인을 만들어보려는 텍스트를 생산하면서 가상의 컨베이어 벨트와 같은 역할을 한다."』
시청각, 2014, 현시원 편집

신해옥: 이 책도 제작 방식과 콘텐츠 사이의 관계를 고민한 결과물이에요. 동혁 씨가 시청각의 의뢰로 만든 책인데, 사실 책이라기보다는 그냥 포스터 한 장으로 이루어져 있습니다. 이 포스터를 접어서 PVC 커버와 결합하면 한 페이지씩 읽을 수 있는 책의 형태가 되기도 하죠. 그래서 표지가 결합되거나 떨어지느냐에 따라 이 작품이 책으로 변할 수도 있고, 단순한 포스터로 남을 수도 있는 독특한 형태를 가지고 있습니다.

이미지 출처: 시청각

이미지 출처: 시청각

신동혁: 《홈워크》라는 전시는 가내 수공업에 관련된 내용을 다뤘어요. 이전의 시청각 한옥 건물이 원래 가내 수공업을 하던 조그만 공장이었다고 하더라고요. 이 공간의 역사를 모티브로 현시원 큐레이터가 전시를 기획했죠. 당시에 시청각에 있는 홈프린터를 사용해서 바코드를 출력하고, 포스터를 접지해서 PVC 자켓과 결합하는 작업을 전시장에서 퍼포먼스처럼 진행했던 기억이 납니다. 이런 작업은 단순히 제품을 만드는 것을 넘어, 관객들이 이러한 과정을 눈앞에서 볼 수 있는 형태로 전시하면서 공간의 역사와 문화적 맥락을 직접 체험하고 전달하도록 했다는 점에서 의미가 있었어요.

임경용: 이게 흥미로운게 아이들이 유치원에 가면 책 만드는 수업 같은 걸 하거든요. A4를 접어서 8페이지짜리 작은 책을 만들 수 있잖아요. 이 책 역시 그런 방식으로 접지가 되어 있어요. 사실 우리가

책을 직접 만들어보면 책에 대해 좀 더 고민을 해볼 수 있을 것 같아요. 일반 독자들이 서점에서 판매하는 책을 만들 생각은 감히 하지 못하지만 이렇게 큰 종이를 자르고 접어서 책을 만들어보면 이 매체에 대해 좀 더 깊게 이해할 수 있겠죠. 앞표지나 뒷표지, 제본, 본문, 책등 같은 책의 요소에 대해서도 한 번씩 생각하게 되고요.

> 신동혁: 시각디자인 전공생들조차 책이 어떻게 만들어지는지 모르는 경우가 많아요. 책은 전지 사이즈의 큰 종이를 접고 이를 연결하여 제작하죠. 양면으로 인쇄를 하고, 인쇄물을 접은 다음 실이나 접착제, 스테이플러 같은 도구를 사용해 제본합니다. 마지막으로 재단 과정을 거쳐 책이 완성되죠. 책이 만들어지는 과정을 직접 보고 경험해보면, 책의 구조에 대한 이해가 깊어질 수 있습니다. 디자인이 시각적으로만 소통하는 것을 넘어, 물리적인 형태와 구조가 어떻게 책의 기능과 이야기를 지탱하는지를 알게 되는 것이죠.

『책을 만드는 새로운 예술』
미디어버스, 2018, 율리시스 카리온 지음

임경용: 책의 원형에 대해서 이야기를 하자면 카리온이 "책을 만드는 새로운 예술(The New Art of Making Books)"이라는 아주 멋진 글을 썼는데, 이 글을 수록하고 있는 이 책은 그 자체로 책의 원형처럼 보이기도 해요.

> 신동혁: 이 책은 정말 책의 원형에 가까운 형태를 가지고 있어요. 목업 책과 거의 다를 게 없죠. 표지가 비어있고, 스티커 2

장이 들어 있어 독자들이 책의 표지를 스스로 완성할 수 있게 만들어졌습니다. 디자인부터 제작까지 너무 급하게 진행해야 했기 때문에 아쉬운 부분도 있지만, 결과적으로 지금 봐도 질리지 않고 매우 좋다고 생각해요. 특히 표지 디자인을 어떻게 완성할지는 순전히 독자의 몫으로 남겼다는 점에서 우리에게는 큰 의미가 있습니다. 두 장의 스티커를 붙일 자리를 아주 작게 표시해 두었지만, 독자 개개인의 선택에 따라 아예 붙이지 않을 수도, 한쪽에 몰아 붙일 수도 있고, 더 나아가 새로운 표지를 꾸며서 사용할 수도 있습니다. 책이라는 매체가 성립하는 최소한의 조건과 상품으로서의 가치 사이에서 줄다리기를 하며 지금과 같은 모습이 탄생하게 되었습니다.

임경용: 이 책은 절판이 되어서 안타까워요. 여기에 있는 글들이 책의 본질적인 부분을 잘 이야기해주고 있다고 생각하는데, 특히 맨 처음에 "책은 공간의 순차이다."라는 말이 나와요. 이 말에 참 많은 내용이 담겨 있는 것 같아요. 아까 솔 르윗의 아티스트북에 대해서도 언급하셨지만 이 책 역시 이렇게 단순하고 목업에 가까운 형태로 만들어진 것이 책의 원형에 대해서 다시 한번 생각하게 만든다는 측면에서 잘 선택한 것 같아요. 지금 우리 미디어버스에서 출간하는 시리즈 중에 '책사회총서'라고 있잖아요. 이걸 신신이 디렉팅하고 있는데 여기에 대해서 짧게 이야기해주실 부분이 있을까요?

신동혁: '책사회총서'는 2017년 알레산드로 루도비코의 『포스트디지털 프린트(Post-Digital Print)』라는 책의 한국어판을 시작으로 미디어버스에서 전개하고 있는 총서 시리즈입니다. '책의 무덤에서 책의 흔적을 찾는 책을 출간합니다'라는 소개에서

엿볼 수 있듯이, 출판 시장이 무너지고 있는 오늘날 다소 시대착오적이지만 책이라는 매체에 대한 사유를 촉발시키려는 의도가 담겨 있다고 생각합니다.

우리는 이 총서 시리즈를 통해 책의 조건을 다시 살피고 업데이트하는 시도를 끊임없이 밀어붙이고 있습니다. 책사회총서의 로고는 '책', '사', '회' 세 글자가 동등하게 120도씩 돌아가며 손을 맞잡고 있는 구성으로 더북소사이어티(The Book Society) 삼각형 로고를 한국어로 직역한 디자인입니다. 이는 언어의 위계나 순서를 재고하고 다시 생각해볼 수 있는 계기를 제공한다는 점에서 일종의 선언문이라고 볼 수 있습니다. 이러한 태도를 바탕으로 『포스트디지털 프린트』, 『책을 만드는 새로운 예술』, 그리고 『엑스포츠 온 페이퍼: 글로벌 사우스에서 출판 실천을 추출하기』까지 총 3권의 책을 작업했습니다.

『전자 정보 시대의 책—부록 1』
미디어버스, 2024, 쿠엔틴 피오레 외

『영화작가들과의 대화』
미디어버스, 2023, 요나스 메카스 지음

임경용: 이제 '디자인 번역'에 대해 이야기해보면 좋을 것 같아요. 사실 모든 디자인이 일종의 번역이라고 할 수도 있을 것 같은데, 책에 한정해서 이야기해보자면 신신이 번역 도서 작업도 많이 하시잖아요? 번역서는 책의 내용을 번역한 것이지만 디자이너의 관점에서는 원본이 있기 때문에 디자인의 번역이라고 할 수도 있겠죠. 물

론 책에 따라 다르겠지만 어떤 책의 번역서를 계약할 때는 원본과 동일한 느낌으로 디자인을 하라는 조건이 붙기도 해요.

신동혁: 간혹 번역서를 디자인할 때, 원서의 디자인이 충분히 매력적이고 내용과 긴밀하게 연결되어 있다면, 이를 지키는 게 더 적절하다고 판단될 때가 많아요. 그러니까 한국의 실정에 맞춰 최대한 조화롭게 적용하려고 하죠. 이럴 경우에는 우리 작업 방식을 강조하기보다는 원서가 여러 의견이 모여 나온 최선의 결과물이라고 상정하고 그 취지를 존중하는 것이 더 중요하다고 생각하거든요. 그래서 마치 기능공처럼 타이포그래피 규칙 같은 것도 한국어 환경에 맞춰 최대한 자연스럽게 옮기는 데에만 집중하려고 노력합니다. 『전자 정보 시대의 책』의 경우, 원서가 뒤에 그대로 실리는 조건이 있었죠. 앞부분에 한국어판이 나오고 이어서 영어판이 이어지는 형태인데, 두 책이 물리적으로 겹쳐 있는 구조로, 표지에서도 그런 속성이 자연스럽게 드러나면 좋겠다고 생각했습니다. 또한, 책 뒷 부분에 쿠엔틴 피오레가 만든 '책의 미래'라는 원서 스캔본이 실린 페이지가 있는데, 이 부분 한국어판 디자인에서 어떻게 작업해야 설득력 있게 의도를 전달할 수 있을지 고민했어요. 그래서 구글 번역기의 이미지 처리 방식을 참고했습니다. 구글 번역기의 이미지 툴을 사용하면 원래 사진에서 텍스트 부분만 덮어씌운 채로 번역되어 보이잖아요. 이 방식을 응용해 원문 이미지에서 텍스트 부분만 한국어 텍스트 박스로 바꿔 덮어버리는 방식으로 디자인했어요.

그 과정에서 원본의 타이포그래피와 최대한 비슷한 한국어 타이포그래피를 적용하여, 독자들이 번역된 텍스트를 읽을

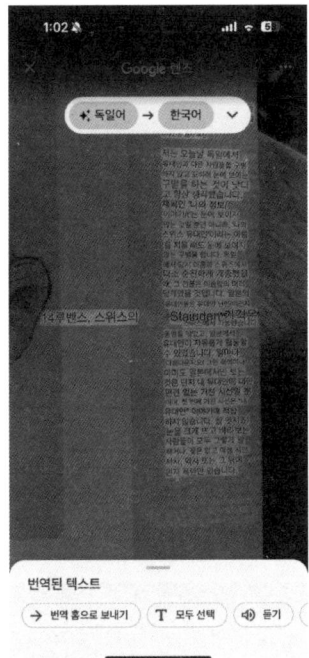

구글의 사진 속 텍스트 번역 기능

때 원문의 분위기를 최대한 느낄 수 있도록 했습니다. 좀 더 매끈한 결과물을 원했다면 포토샵에서 이미지 리터칭을 해서 마치 한국어로 조판된 것처럼 만들 수도 있었겠지만, 굳이 그렇게까지 하고 싶진 않았어요. 이러한 접근이 번역서의 정체성과 원서의 거리감을 잘 살리는 데 도움이 됐다고 생각합니다.

신해옥: 요나스 메카스(Jonas Mekas)의 『영화작가들과의 대화(Conversation with Filmmakers)』도 스펙터북스(Spector Books)에서 출간된 책의 한국어 번역서입니다. 이 책 역시 원래 디자인을 최대한 존중하면서 한국어 실정에 맞춰 번역하는

과정을 거쳤어요. 원서의 형식과 디자인 요소를 유지하는 것이 중요하다고 느껴, 원서의 매력을 살리면서도 한국어 텍스트가 자연스럽게 조화를 이루도록 했습니다.

신동혁: 원서는 넉아웃(Knockout)이라고 하는 미국식 목판 활자체를 디지털 폰트로 만든 장평이 좁은 폰트를 사용했어요. 이 서체는 1960-1970년대 미국에서 포스터나 신문 헤드라인 같은 곳에서 많이 쓰였던 활자체입니다. 원래 이 책의 글이 『빌리지 보이스(The Village Voice)』에서 연재된 것들을 다시 엮은 것이어서, 그 서체가 저널리즘 같은 것을 암시하기 때문에 사용하지 않았을까 추측해 봅니다. 자료 이미지로도 등장하는 앤디 워홀(Andy Warhol)의 영화 상영 포스터에도 유사한 서체가 사용되었구요. 저는 한국어 판에서는 그 당시에 한국에서 헤드라인용으로 주로 사용되던 서체를 사용하고 싶었어요. 결과적으로 격동고딕을 사용했는데, 1960-1970년대 한국 선거 포스터 같은 곳에서 주로 사용되었던 헤드라인 서체입니다. 당시에는 서체화되지 않았던 점도 흥미롭죠. 그리고 한국어판에서 격동고딕과 함께 사용한 영문 서체는 플라크(Plak)라는 파울 레너(Paul Renner)가 만든 독일 서체를 선택했습니다. 넉아웃이 유려한 곡선을 가진다면, 플라크는 훨씬 더 딱딱한 느낌을 주기 때문에, 두 서체 모두 유사한 특성을 지니지만 격동고딕과 플라크가 더 잘 어울린다고 판단했어요. 플라크와 한국 헤드라인 서체를 병기했을 때 이질감이 들지 않게 격동고딕 서체를 미세하게 조정했죠. 디자인 번역 과정에서 오리지널이 가진 뉘앙스를 그대로 가져오는 것은 애초에 불가능하기 때문에, 한국어 실정에 맞게 국문과 영문 폰트를 각색해서 연결하는 방식으로 처리했습니다.

신해옥: 디자인 번역의 관점에서 『엑스포츠 온 페이퍼』에 대해서도 다시 언급해도 좋을 것 같아요. 이 책은 기존 원서의 디자인을 완전히 다르게 해석해서 번역으로서 디자인을 실현한 사례였어요.

신동혁: 이 책도 번역서인데, 아까 해옥 씨가 『개별꽃』이 수첩 같은 느낌이 들면 좋겠다고 이야기한 것처럼, 저는 이 책을 여행서처럼 디자인하고 싶다는 생각을 했어요. 이 책을 만들면서 글로벌 사우스라는 개념을 처음으로 인식하게 되었고, 남미부터 동남아시아까지 다니면서 진행한 리서치 결과를 엮은 것이라는 점에서 여행서의 느낌이 잘 어울릴 거라고 생각했죠. 그래서 원서와 비슷한 사이즈로 하되, 좀 더 가볍게 들고 다닐 수 있도록 이동성을 강조하는 책의 모습을 떠올렸습니다. 여행 때 들고 다니는 펄프픽션 같은 느낌을 주고 싶었어요. 사이즈가 작아지면 페이지 수가 늘어나니까, 최대한 지면을 활용하고 싶어서 펼침성이 좋은 노출제본을 선택했습니다. 이 경우에는 원서의 형식을 가져오는 것은 좋은 접근이지만, 한국어판이 되면 완전히 다른 책이 된다고 생각했어요. 그래서 어떤 경우에는 원서를 존중하는 것이 좋을 때도 있고, 다른 경우에는 원서와 번역서의 위계를 바꾸는 것이 더 효과적일 때도 있습니다. 문화권에 따라 독자들의 성향도 다른데, 한국 독자에 대한 이해는 우리가 더 높기 때문에 자연스럽게 각색이 이루어지는 것이죠.

임경용: 그러면 지역에 따른 디자인의 특징 같은 것이 있을까요? 해옥 씨 같은 경우에는 외국에서 공부를 하기도 했고 외국 친구들도 많을텐데 그런 특징 같은 것을 감지했나요?

신해옥: 얼마 전에 더북소사이어티에서 진행된 피안피안 헤(Pianpian He)[5]의 토크를 들으면서 공감이 많이 간 부분이 있었어요. 우리가 디자인을 시작했을 때는 서구권 디자이너들의 작업과 그들이 만든 책에 많은 영향을 받았죠. 서구권에서 만들어진 많은 책을 통해 디자인을 배워왔기 때문에 당연한 결과였다고 생각합니다. 유학을 하면서 다양한 문화권의 친구들을 만나게 되었고, 그들이 책을 디자인할 때 고려하는 요소들에 대해 많이 배우고 공감하게 되었습니다. 피안피안의 토크에서는 영문과 중국어를 병기할 때의 고민에 대한 이야기가 공유되었는데, 그들이 고민했던 문제를 해결하기 위한 여러 아이디어가 정말 돋보였어요. 중국어와 영어는 글자 수나 공간 차지 값이 매우 다르기 때문에, 한 페이지 안에서 어떻게 병기할지에 대한 고민이 많을 수밖에 없습니다. 이러한 고민이 책의 형태에도 영향을 미친다는 이야기가 인상적이었어요.

　방콕 아트북페어에 참여했을 때도 북페어에서 본 많은 태국어를 이용한 디자인이 그런 고민을 담고 있었습니다. 언어 구조에 따라 책을 만들 때 지면을 어떻게 설계할지와, 한 페이지에서 두 언어를 병기할 것인지, 아니면 완전히 분리할 것인지 같은 선택이 책의 골격에 큰 영향을 미친다는 것을 실감했습니다. 그런 책들을 보면서 최근에는 새로운 아이디어를 많이 얻고 있다는 생각이 들어요. 다양한 언어와 문화가 만들어내는 디자인의 가능성을 경험하면서, 우리 디자인 작업에도 새로운 영감을 주고 있습니다.

신동혁: 예를 들어 『개별꽃』의 경우에는 해옥 씨의 영문 논문을 한국어판 단행본으로 번역하는 작업을 진행하면서 새로운 그

---

[5]　디자이너 피안피안 헤(Pianpian He)는 막스 하비(Max Harvey)와 함께 캐나다와 중국을 기반으로 활동하고 있다. <infoandupdates.com>

리드 시스템을 개인적으로 만들어보고 싶었어요. 영문과 국문을 같이 담는데 서구적인 타이포그래피나 레이아웃을 소화할 수 있지만, 동아시아 문자는 대부분 전각으로 이루어져 있어서 고정된 네모 폭들이 나열된 바둑판식 배열이 자연스러워요. 글자마다 네모 박스에 가두어지며 구성되기 때문에, 그런 문자 질서들을 포용할 만한 그리드 시스템을 고민하게 되었죠. 그래서 수직 수평 격자 그리드를 먼저 만들고, 그 격자들 중 몇 가지를 활성화하여 로만 타이포그래피를 소화할 수 있는 새로운 그리드를 창출했습니다. 바둑판식 배열 중에서 특정 선을 활성화하면 2단 그리드가 되기도 하고 3단 그리드가 되기도 하며, 이러한 구조가 두 가지 언어를 모두 수용할 수 있게 되더라고요.

 예전에 봉준호 감독이 "자막이라는 1인치의 벽만 넘으면 더 많은 영화를 즐길 수 있다"라고 했잖아요. 우리는 어렸을 때부터 서구나 유럽 중심의 그래픽 디자인 문법을 흡수하고 공부했지만, 나중에는 그것과는 다른 맥락에서 작업을 하게 되었어요. 한국어를 바탕으로 하는 타이포그래피를 구현하려 하거나, 두 가지 언어를 병기하거나, 때로는 한자나 일본어까지 포함하는 책도 디자인해야 하는 경우도 있으니까요. 하지만 그런 응용-변수들은 대부분 교과서에 나와 있지 않아요. 특히 서구 중심으로 쓰여진 타이포그래피나 그래픽 디자인 교과서에는 없죠. 그래서 우리가 독자적으로 이러한 시스템을 개발하기도 하고, 관련 서적을 찾아보면서, 10여 년 넘게 작업을 해오면서 터득한 나름의 요상한 노하우와 관점이 존재합니다. 특히 글자를 다루거나 레이아웃을 구성할 때, 다양한 언어와 문화적 맥락에서 혹은 이미지 자료나 여러 언어를 포섭해야 할 경우에 대한 경험치들이 계속 쌓여가고 있다는 생각을 해요.

신해옥: 피안피안이 디자인한 책 중에, 오른쪽으로 넘기면 영문이 진행되고, 왼쪽으로 넘기면 세로짜기 된 중문이 읽히는 독특한 형식의 책이 있습니다. 이처럼 책을 양 방향에서 읽을 수 있도록 디자인된 경우에는 일반적으로 한 페이지 안에서 두 언어를 병기할 때처럼 두 언어의 분량을 맞출 필요가 없죠. 이 책의 디자인이 과감하게 두 언어의 특징을 다르게 전달한다는 점에서 정말 흥미로웠습니다. 언어의 흐름과 읽는 방향이 서로 다르게 설정됨으로써, 각 언어의 물리적인 형태와 시각적인 표현이 더 잘 드러나게 되었으니까요. 이런 접근 방식은 단순한 번역을 넘어서, 언어의 문화적 차이를 활용하여 디자인의 가능성을 확장하는 매력적인 예라고 생각해요.

신동혁: 맞아요, 디자인할 때 나름의 돌파구를 마련하는 것은 정말 중요한 과정이에요. 그 방식이 멀티레이어드 그리드 시스템일 수도 있고, 아니면 다른 문자에 대한 차이를 인정하고 존중하는 방법을 선택할 수도 있습니다. 사용 언어에 따라 디자인의 선택지는 훨씬 다양해지므로, 디자이너로서 이런 선택지를 전략적으로 개발하고 발전시키는 것이 굉장히 중요하다고 생각해요. 이런 고민 과정에서 새롭고 도전적인 디자인 방법론이 도출되기도 하며, 다양한 문화와 언어적 배경을 아우르는 작업이 가능해지죠.

임경용: 일반 독자들 같은 경우에는 한국어로 조판된 책만 읽게 되니까 문자 사이의 차이를 그렇게 인식하지 않을 것 같아요. 그나마 미술 관련 전문가들은 영어가 병기된 책을 많이 만드는 편이라서 그걸 인식할 것 같고요. 문자가 독서 경험에 큰 영향을 미칠까요?

신동혁: 우리가 학부를 졸업하자마자 2010년에 진행했던 전시 중에 메리 셸리(Mary Shelley)의 『프랑켄슈타인』과 관련된 프로젝트가 있었어요. 당시 구글 번역기 시스템이 처음 등장하던 시기라, 우리는 『프랑켄슈타인』 한국어판 전체를 타이핑한 뒤, 먼저 영어로 번역하고, 다시 네덜란드어로 옮긴 후, 그 네덜란드어를 일본어로, 그리고 그 번역된 언어를 또 다른 언어로 번역하는 식으로 여러 차례 반복하여 결국 다시 한국어로 변환하는 실험을 해봤습니다. 이를 언어별로 각 권의 책으로 묶어 전집을 완성했죠. 이 과정을 통해 각 언어가 해석될 수 없는 이상한 문장들로 오역되고 변형되는 점이 정말 흥미로웠어요. 또한 당시에는 그런 번역 옵션이 없었기 때문에 우리가 직접 표준화된 하나의 활자체를 설정하고, 그걸로 전체 조판을 진행했는데 언어에 따라 페이지 수가 생각보다 크게 달라진다는 점을 발견할 수 있었어요. 각 권마다 볼륨 차이가 예상보다 극적으로 변했고, 이런 변화를 통해 언어의 구조와 특성이 물리적인 조건에 영향을 미치는 것에 대한 깊은 이해를 할 수 있었어요.

《A4》 전시 설치 장면

신해옥: 현재 요이(Yo-e) 작가의 『내가 헤엄치는 이유(Why I Swim)』를 작업 중인데, 이 책에서도 한국어와 영어가 병기되어 있어요. 보통 두 언어의 텍스트 양이 다르기 때문에 이미지를 상대적으로 짧은 텍스트 쪽에 배치하여 한 페이지 안에서 텍스트 양을 조정하는 것이 일반적입니다. 그러나 아스트리다 네이마니스(Astrida Neimanis)가 쓴 텍스트의 경우, 글 사이마다 이미지가 놓이는 위치가 고정되어 있어 배치에 대한 고민을 많이 했어요. **그 결과 짧게 번역된 영문 텍스트 사이에 이미지를 크게 배치하고, 상대적으로 길게 번역된 국문 텍스트 쪽에는 이미지를 작게 보여주는 방식으로 조판을 진행하는 방법을 생각해내게 되었어요.** 양쪽 페이지에 반복되는 이미지의 크기를 완전히 다르게 적용함으로써 서로 다른 문자 간의 차이를 활용하여 디자인의 시각적 리듬을 만들어내게 됩니다.

신동혁: 네이버 의뢰로 네이버의 1784 신사옥과 관련된 책을 만들고 있어요. 이 경우, 번역을 조정하여 국문, 영문, 일문과의 길이 차이를 없애고 양을 동일하게 맞췄습니다. 한 책이 3가지 언어의 다른 버전으로 구성되어 있을 때, 동일한 두께의 책 3권이 세워져 있는 모습을 상상하게 되는 것이죠. 이런 방식은 세 쌍둥이 같은 형상을 만들어내어, 이 책을 보여주는 새로운 이미지로 느껴지기도 합니다. 표지 이미지가 책을 대표한다고 말할 수도 있겠지만 꼭 그렇지만은 않은 것 같아요.

임경용: 표지 이미지는 디지털 시대에 점점 더 중요한 문제가 되는 것 같아요. 실물 책과는 다르게 인터넷 상에서 유통되는 책의 이미지가 있죠.

『스스로 조직하기』
미디어버스, 2016, 스티네 헤베르트, 안느 제페르 칼센 엮음

신동혁: 『포스트디지털 프린트』에서도 언급되었지만, 요즘 책은 책만으로는 작동하지 않는다고 생각해요. 출판이 되고 나면 홍보를 위해 온라인 미디어나 유튜브 채널 같은 것을 활용해야 하니까, 어쩔 수 없이 다양한 채널을 서로 활용하고 의지할 수밖에 없죠. 기록의 보존 측면에서도 마찬가지입니다. 디지털 형식과 실제 종이책은 서로 보완적인 관계에 있지만, 이 두 매체 사이에는 근본적인 차이가 있는 것 같아요. 특히 종이책을 온라인에서 어떻게 보여주는지가 중요한 문제입니다. 『스스로 조직하기』 같은 경우에는 거울처럼 반사되는 종이를 표지로 사용했는데, 그 특징을 활용해 일종의 해킹을 시도했습니다. 보통 책을 홍보하기 위해 온라인 서점에 대표 이미지를 올릴 때, 목업 이미지 파일을 과장해서 사용하는 경우가 많잖아요. 그런데 이 책이 자기 조직화에 관한 것이어서, 책을 바라보는 사람 얼굴을 표지에 비추는 이미지를 대표 이미지로 사용하는 것이 좋겠다 싶었습니다. 그래서 제 얼굴을 합성해서 보냈어요. 어떤 독자는 처음에는 어렴풋이 보이는 사람의 모습이 실제 표지인 줄 알았대요. 막상 받아보니 거울 같은 종이라고 놀랐다고 해요.

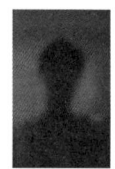
『스스로 조직하기』 표지 이미지

임경용: 책을 내용을 위한 컨테이너처럼 생각하기도 하지만 실제 책은 종이로 구성되고 특정한 공간을 점유하는 사물이죠. 신신은 특히 책의 그러한 측면을 과장해서 드러내고 그걸 디자인적 요소로 삼는 것처럼 보이기도 해요. 책이 공간이나 시간과 맺는 관계를 잘 드러내는 작업을 소개해주실 수 있을까요?

『SeMA 전시 아카이브 1988-2016:
읽기, 쓰기, 말하기』
서울시립미술관/미디어버스 공동 발행, 2015, 박가희 편집

신해옥: 『SeMA 전시 아카이브 1988-2016: 읽기, 쓰기, 말하기』 프로젝트에 대해 이야기해볼 수 있을 것 같아요. 박가희 큐레이터가 서울시립미술관에서 지난 30여 년의 전시 역사를 아카이빙하는 전시를 기획한 것인데요. 처음 미팅에서 기획자가 구글 시트에 정리한 방대한 데이터를 출력해 길게 연결된 두루마리 형태로 가져오셨어요. 그걸 테이블 위에 쭉 펼쳤는데, 너무 길어서 끝이 보이지 않더라고요. 펼쳐진 시트를 보면서 전시에서 보여줄 자료와 도록에 담을 내용이 정말 많다는 걸 느꼈고, 이보다 더 잘 정리할 수 있을지 고민을 시작했어요. **그러다가 그 두루마리 시트를 그대로 페이지로 잘라서 결합하면 도록이 되고, 일부만 잘라서 노출시키면 홍보용 배너가 되는 형태를 제안했습니다.** 또 그것을 쭉 연결하여 리플렛을 만들 수도 있겠다고 생각했어요. 마치 구글 시트에서 콘텐츠에 따라 셀을 병합하고 나누는 것처럼요. 결국 이런 형식을 물리적으로 구현하는 방식을 제안했고, 전시 포스터, 리플렛, 홍보용 배너, 도록 디자인으로 이어졌습니다. 이 도록은 구글 시트

를 잘라서 붙인 형태를 최대한 살려 구성했기 때문에 페이지를 찢어 연결하면 다시 하나의 시트가 되는 것이죠.
　또한, 디지털 파일이 책으로 인쇄될 때 어떻게 변환될지를 고민하면서, 그 과정이 전시 공간에 어떻게 적용될지에 대한 아이디어로 이어졌습니다. ==마찬가지로 전시 공간 디자인을 맡은 COM에게 구글 시트가 물리적으로 공간화된 것처럼 만들어 달라고 요청했어요.== 그 결과, 칸칸으로 나눠진 셀프가 전시 콘텐츠에 따라 병합되었다가 나눠지면서 유기적으로 전시 공간을 활성화하는 디자인이 완성되었습니다. 이 프로젝트는 디지털화된 엑셀 시트를 실제 물리적인 형태로 변환하는 과정을 그대로 반영한 사례였습니다.

임경용: 박가희 큐레이터가 가지고 온 그 두루마리에서부터 시작을 해서 공간까지 확장이 된 거네요.

신동혁: 네, 맞아요. 엑셀 시트는 여러 셀이 행이나 열로 끝없이 흘러가잖아요. 그런데 타임라인에 맞춰 COM이 공간 디자인을 할 때 사람의 동선에 맞춰서 흐름을 다시 바꿨습니다. 엑셀 시트로 생각하면 모든 내용이 자연스럽게 이어져야 할 것 같지만, 전시 공간에서는 그게 불가능하더라고요. 이렇게 해서 전시 공간에서도 관람객들이 자연스럽게 흐름을 따라가면서 정보를 인지할 수 있는 방식으로 디자인을 고민하게 되었어요.

임경용: 종이와 실제 물리적 공간 사이의 관계를 가장 잘 보여줬던 사례가 율리아 본(Julia Born)의 《타이틀 오브 더 쇼(Title of the Show)》 전시와 동명의 도록이었던 것 같아요.

신해옥: 당시 그 책을 보고 놀랐던 기억이 납니다. 최근에 율리아 본이 디자인한 미리엄 칸(Miriam Cahn)이라는 작가의 도록6이 있는데, 그 책도 페이지의 날개를 이용해 여러 개로 분리되어있던 전시 공간을 영리하게 담아냈어요.

『푀유』
미디어버스, 2018, 엄유정

신동혁: 책의 공간적 특징을 드러내고 싶었던 또 다른 사례가 바로 엄유정 작가의 『푀유(Feuilles)』입니다. 이 책에서는 본문에 매뉴얼지, 모조지, M매트지, 몽블랑 등 네 가지 종이를 사용했습니다. 사용했던 종이의 서로 다른 미묘한 질감과 두께 차이, 그리고 광택도가 각각 다른 추상적이고 공간적인 인상을 만들어준다고 생각했습니다. 더군다나 수록된 많은 작품의 성격과 재료들도 달라서 이를 구분하기 위한 기능성도 고려했습니다. 예를 들어, 얇은 종이에 담긴 드로잉은 그림 자체도 가볍고 작은 편이었고, 반면에 더 크고 두껍게 채색된 작품에는 보다 두껍고 광택이 도는 종이를 점진적으로 사용했습니다. 이처럼 작품의 물리적인 속성을 종이와 잉크의 반응을 통해 구현하려고 했고, 이는 마치 전시 공간을 책이라는 매체 형식에 맞춰 새롭게 번안해보려는 시도였다고 할 수 있습니다.

임경용: 그 책에 대해 이야기하면 아무래도 '아름다운 책 수상'을 빼놓을 수 없을 것 같아요. 신신은 책만 작업하는 디자이너는 아니지만 처음 출품한 책이 전세계에서 가장 아름다운 책으로 선정되었을 때 어땠는지 궁금하네요. 아름다운 책을 선정하는 제도에 대해

6 *MEINEJUDEN* (Miriam Cahn, 2022, DISTANZ Verlag).

이야기해주셔도 좋고요. 사실 지금 일관되게 이야기하고 있는 부분이 페이퍼백에서 시작한 책의 원형에 대한 언급인 것 같아요. 지금 전세계 많은 국가에서 아름다운 책을 선정해서 수상을 하고 있는데 대부분은 책의 만듦새나 디자인에 있어서 조화라고 할까 그런 고전적인 가치를 부각시키는 것 같거든요.

신동혁: 엄유정 작가의 『퓌유』에서 사용된 방법론은 사실 우리가 학부 시절부터 꾸준히 탐구해 온 부분입니다. 시각적인 요소와 이를 담아내는 물리적인 재료 사이의 긴밀한 연결에 대해 고민해 왔고, 기회가 될 때마다 실험적으로 적용해 보기도 했습니다. 그런데 이번 수상 과정에서 가장 기쁘고 신기했던 건, 상을 받았다는 사실보다도 우리가 디자인하면서 고민하고 결정했던 의도가 온전히 전달되었다는 점이었습니다. 단순히 내용에 어울리는 디자인과 제작 방식만으로도 책이라는 매체의 새로운 면을 부각시키고, 더 나아가 새로운 독서 경험으로 이어질 수 있다는 우리의 가설이 공식적으로 인정받았던 것이 정말 의미 있게 다가왔습니다. 이 책은 어떻게 보면 페이퍼백 형식을 조금 업데이트한 사례라고 볼 수 있습니다. 과도한 후가공이나 복잡한 제본 기술을 사용하지는 않았지만, 섬세한 그림들이 담긴 만큼 그 분위기와 맥락에 맞게 제작 과정에서 세심한 부분까지 신경 썼습니다. 작은 차이들이 모여 책의 전체적인 느낌을 결정하니까요.

　　사실, 우리가 수상한 국내·외 '아름다운 책' 시상제도가 과연 객관적일 수 있을지 확신이 서지는 않아요. 애초에 모든 사람이 공감할 만한 수상 목록을 만드는 것이 불가능에 가깝다고 생각합니다. 다만, 이 제도가 단순히 디자인과 제작의 완성도를 평가하는 데 그치지 않고, 책에 대한 새로운 상상을 유도하는 역할을 하면 좋겠어요. 여기서 말하는 것은 공예적인 아트북이 아니라, 우리가 익히 아는 책이 기본적으로 '여러 장의 종이가 묶인 물건'이면서 동시에 '공장에서 양산된 제품'이라는 속성을 가지고 있다는 것입니다. 그 안에서 독서를 좀 더 입체적으로 경험할 수 있도록, 책이 하나의 인터페이스로서 다양한 시도를 할 수 있도록 응원하는 방향이면 더 의미 있지 않을까 싶어요. 그렇게 되면 책이라는 매체에 대한 고정관념을 확장하고, 보다 다양한 방식의 독서를 가능하게 만들 수도 있겠죠.

『옵.신』 3호
옵.신, 2014, 방혜진, 현시원 기획

신해옥: 이건 우리가 디자인했던 『옵.신』 3호입니다. 이 책 역시 거친 종이에서 시작해서 점점 더 매끄러운 질감으로 변화하는 과정을 담았어요. 당시 작업하면서 참조했던 글이 이 책 안에 있는 박해천 선생님이 쓰신 '목소리들'인데요, 이 글은 카페에서 사람들의 떠들며 섞여진 여러 목소리를 담고 있어요. 이 페이지를 한 가지 서체로 조판하기보다 여러 서체를 사용하되 이를 균질하게 보이도록 조절하여 미세한 톤의 차이를 드러내보면 어떨까 생각하게 되었어요. 이를 시작으로 서체, 종이, 인쇄 방법까지 다양한 톤을 구현하는 데 중점을 두고 작업했습니다.

신동혁: 다양한 목소리를 표현하기 위해 6개의 서로 다른 서체를 번갈아 사용했어요. 타이포그래피를 통해 목소리의 복수성을 드러내는 시도였는데, 제작 과정에서도 이런 요소를 반

영하고 싶었어요. 『옵.신』이 무대 예술과 관련된 저널이잖아요. 그래서 종이를 일종의 무대로 상상했어요. 처음에는 거친 종이로 시작해서 점점 더 매끈하고 광택이 도는 종이로 변하는 형식을 고민해 보았죠. 독자들이 읽는 데 불편함이 없도록 하면서도 책을 넘길 때마다 미묘하게 공간 혹은 주변 환경이 바뀌는 느낌을 자연스럽게 감지할 수 있도록 의도했습니다.

『인간과나』
나선프레스, 2021, 임영주

신해옥: 나선프레스 웹사이트에서 책에 대해서 다음과 같이 소개하고 있는 걸 인용하면서 책에 대한 이야기를 풀어가면 좋겠어요.

"『인간과나(人間科我)』의 핵심적인 주제와 문제 해결을 위해 사용된 방법을 동시에 암시한다. 현대의 기술 문화와 기술이 동작하는 방식에는 외부/외계를 향한 인간의 원형적인 욕망이 놓여 있다는 것이 주제라면,

이를 가시화하는 것은 표면적으로는 관련 없고 아득하게 멀리 놓여 있는, 심지어 우리의 상식 안에서는 서로 대치하는 것처럼 보이는 이미지와 텍스트, 현상들을 연결하며 그 사이의 내밀한 연관성을 추측하는 과정이다. 책은 이 과정을 구조화한 결과물이 된다."

이 책에서는 서로 이질적인 재료들이 완전히 매끄럽지는 않더라도 분명하게 연결될 수 있도록 하는 장치가 필요했어요. 그 과정에서 '구멍'과 '팝업'이라는 방식을 적극적으로 활용했죠. 예를 들면, 마치 순간이동하듯 책을 읽을 수 있도록 종이의 앞·뒤에 구멍—실제로 뚫린 것이 아닌, 인쇄된 가상의—을 뚫어 본문과 각주를 연결했어요. 또, 팝업창처럼 별도의 페이지나 이미지를 본문 위에 레이어 형태로 배치해, 독자가 새로운 방식으로 내용을 접할 수 있도록 구성했습니다. 덕분에 어울리지 않을 것 같은 요소들이 충돌하면서도 자연스럽게 연결되고, 독자는 이러한 여러 레이어를 다층적으로 읽어나가는 독서 경험을 하게 됩니다.

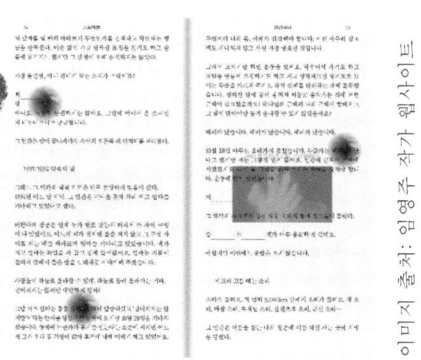

(이미지 출처: 임영주 작가 웹사이트 <imyoungzoo.com>)

신동혁: 게다가 이 책은 단순한 결과물이 아니라, 작가님이 퍼포먼스를 할 때 공연 대본으로도 활용되는 등 여러 가지 역할을 했어요. 그래서 이 책은 하나의 종착지라기보다는, 다양한 맥락을 오가며 연결해 주는 경유지이자 일종의 '구멍' 같은 존재에 가까웠습니다.

『피규어 TEXT: 원더페스티벌 리포트』
킷타이텐, 2019, 돈선필

신동혁: 이 책 역시 일반적인 페이퍼백인데, 작가가 탐구하는 회색 레진 덩어리로 조형된 피규어의 원형을 암시하도록 전체를 색지로 제작했어요. **그래서 순도 높은 회색 육면체처럼 보이도록 의도했죠.**

신해옥: 책을 이루고 있는 여러 형식보다, 책을 원형의 한 덩어리로 보이게 만들려고요.

이미지 출처: 돈선필 작가 웹사이트
(<donsunpil.com>)

신동혁: 맞아요. 피규어를 통해 조형이나 미의식, 그리고 그것을 둘러싼 문화를 사유하는 작가의 태도를 색지로 은유한 것이죠. 나머지는 별반 다를 것 없는 페이퍼백의 구성을 따랐고요. 한 가지 더 덧붙이자면, 작가가 피규어는 상품이고, 에디션 개념이 있는 제품이라는 점을 중요하게 생각했기 때문에 우리도 경질 PVC 원단으로 자켓을 만들고 개봉 방지 스티커를 붙여, 유사 피규어 포장처럼 보이도록 연출했습니다.

『레트로스펙타 41』
예일대학교 건축대학원, 2019, 신해옥·윌리스 킹거리 디자인

신해옥: 아까 언급하셨던 "책은 공간의 순차다."라는 울리시스 카리온의 말처럼, 우리에게 책은 앞표지를 여는 순간부터 마지막 표지를 덮을 때까지 순차적으로 진행되는 매체라는 점이 정말 중요합니다. 그는 포스터와 같은 다른 인쇄 매체와 달리, 책은 영상에 더 가까운 매체라고도 언급했습니다. 『레트로스펙타 41(Retrospecta 41)』은 제가 대학원에 다닐 때 예일건축대학원(YSoA)의 의뢰로 윌리스 킹거리(Willis Kingery)라는 친구와 함께 작업한 책이에요. 이 책의 디자인에 있어서 우리가 가장 중요하게 생각한 것은 시간이었습니다. 건축대학원의 2017-2018학년도 학사 일정에 따라 구성된 이 책에는 강의, 출판, 학교의 학문적, 사회적, 정치적 환경에 영향을 미친 여러 해프닝과 이벤트가 정리되어 있어요. 이 책은 가을 학기부터 여름 학기가 끝날 때까지를 다루고 있는데, 페이지가 일종의 시계 같은 역할을 합니다. 여기에 인덱스가 있어 실제로 타임라인이 흐르고 있죠. 그래서 스케줄러처럼 한 페이지를 하

루라고 상정하여, 페이지가 넘어가면서 시간이 지나는 것처럼 보여주자고 이야기했죠. 많은 사건이 발생하는 날의 페이지는 팝업창 같은 다양한 요소들이 띄워져 있고, 반대로 상대적으로 비어 있는 페이지도 존재합니다. 이 팝업창은 어렸을 때 운동장에 막대기를 꽂아두고 관측했던 시간의 흐름처럼, 책의 시작에서는 옅게 늘어진 그림자를 드리우고, 중반부인 미드텀에 가까워지면 그림자가 짧고 짙어지며, 다시 봄학기가 진행됨에 따라 팝업창의 그림자는 반대쪽으로 옅어지면서 다시 길어집니다.

신동혁: 시간의 흐름을 변화하는 페이지를 통해 보여주고 싶었던 프로젝트였어요. 다시 페이퍼백 이야기로 돌아가자면, 우리에게 페이퍼백이 일종의 원형에 가깝다고 이야기했잖아요. 그런데 이런 페이퍼백에 특정 요소들이 들어왔을 때 그 원형이 변화하면서, 그냥 평범했던 책이 완전히 다른 물질처럼 인식되는 것이 우리에게 매우 흥미로워요. 그래서 우리에게 있어 특별하고 특이한 책이라는 것은 제작 사양이 화려하고 독특한 책보다, 책의 구조를 건드리고 그것에 개입하는 방식으로 만들어지는 책들입니다. 항상 이런 고민에서 출발하며, 그 고민 속에서 새로운 책을 만들고 싶어하는 것 같습니다.

『핸들-북 클래식』
화원, 2024, 신신

신해옥: 이 프로젝트에서 책이라는 매체와 시간의 관계를 과장해서 드러내고 싶었어요. 책을 넘기는 것 자체가 앞으로 나가는 행위라고 생각했거든요. 1페이지에서 5페이지까지 넘기면 5보 앞으로 가는 것을 상상해보는 거에요. 영화에서 자동차 운전 장면은 다종다양하게 등장해요. 핸들을 자유자재로 돌려가며 곡예에 가까운 드라이빙을 선보이는 폭주 장면이 등장하기도 하고, 말다툼으로 인해 갑작스럽게 꺾인 핸들은 주인공들이 향해가던 길의 반대로 차를 돌려 그들의 이야기가 다른 방향으로 펼쳐질 것을 암시하기도 합니다. 이처럼, 한국 고전 영화에서 운전하는 다양한 인물의 손과 핸들을 모은 이 책은 책을 읽는 행위를 운전하는 행위로 전환하여, 페이지가 순차적으로 펼쳐지며 앞으로 나아가는 동력에 방향성을 제시합니다. 각 페이지는 어떤 방향으로 운전하고 있는지를 보여주며, 독자는 단순히 페이지를 넘기는 것을 넘어, 매 페이지마다 사건의 전개와 방향성을 느낄 수 있게 됩니다.

신동혁: 여기 보면 수평으로 놓여 있는 이미지는 직진하고 있는 상태를 나타내고 있습니다. 반면, 이미지가 왼쪽으로 기울어져 있다면 이는 영화 속의 운전자가 좌회전을 하고 있다는 것을 의미합니다.

임경용: 영상자료원에서 했던 전시를 봤어요. 영상도 봤는데, 『Gathering Flowers』 전시도 그렇고 이 책도 그런 부분이 있는데 책이라

는 정적인 매체에 퍼포먼스적인 요소를 많이 개입시키는 것 같아요. 그리고 책을 전시까지 확장하는 경우도 많고요. 신신은 책을 영상이나 전시, 퍼포먼스 같은 다른 매체를 통해서 재현하거나 보여주는 것에 관심이 많은 것 같아요.

> 신동혁: 요즘 SNS를 통해 책을 많이 홍보하다 보니 3차원의 사물을 디지털 이미지로 만들어야 하는 상황이 많아졌어요. 단일한 이미지도 가능하지만, 이 책을 읽는 모습을 촬영하여 책이 몸과 함께 작동하는 방식을 설명했어요. 우리는 그 과정에서 책이라는 매체가 가진 고유한 특징들을 드러낼 수 있다고 생각했죠. 대부분의 책은 페이지로 구성되어 있고 사람들이 책을 훑어볼 때 손가락으로 쭈르륵 넘기게 되잖아요. 이는 사람의 몸을 동력으로 삼아 작동하는 매체이기 때문에, 책과 신체의 관계성에 대해서도 많이 생각하고 있어요.

임경용: 책은 항상 인간의 신체를 필요로 하죠. 신신은 책을 활용한 퍼포먼스 작업도 많이 하는 것 같아요. 그런 주제의 책 작업도 많고요.

[헤드-북 클래시 낭독 퍼포먼스] (영상 촬영: 남성수)

『오프닝스: 밤, 종이, 유리』
미디어버스, 2025, 손영은

신해옥: 지금 작업 중인 손영은 작가의 퍼포먼스를 담은 책도 페이퍼백으로 만들 예정입니다. 아까 동혁 씨가 페이퍼백의 흥미로운 형식에 대해 이야기했을 때, 만화책이 떠오른다고 말씀하셨죠. 저 같은 경우는 초등학교에서 방학 때 나눠줬던 납작하고 얇은 『탐구생활』이라는 책이 기억납니다. 방학식에 책을 받고, 그 안에 있는 여러 과제나 활동들을 수행해야 했는데요. 저는 활동 사진도 붙이고, 종이 접기도 해서, 개학식에 뚱뚱해진 책을 뿌듯하게 안고 학교에 갔던 기억이 있습니다. 그때 우수상도 받았었죠. 저는 그런 경험이 너무 좋았어요. 무언가를 수행하면서 책이 완성되는 느낌이 좋았던 것 같습니다. 그래서 손영은 작가의 책을 만들 때 이러한 컨셉을 적용해보자고 생각했어요.

《오프닝스: 밤, 종이, 유리》는 총 3번의 다른 오프닝 퍼포먼스가 열리는데, 각 퍼포먼스가 전시장을 어떻게 변화시키며 작동하는지를 들여다보는 것이 중요한 전시입니다. 정지된 상태로 작품이 걸려 있는 것이 아니라, 정해진 시간에 관람객과 작품을 경험하고 감정을 공유하는 데 목적이 있습니다. 이 프로젝트에서는 그래픽 디자이너가 전체 프로젝트에 적극적으로 개입하며 부산물을 생산하는 주체로 초대되었어요. 저는 각 오프닝 퍼포먼스가 시작되기 전 필요한 재료를 만들거나, 퍼포먼스 과정에서 만들어진 여러 산물을 주워 담는 역할을 하고 있습니다. 예를 들어, 퍼포먼스에 쓰이는 대본을 만들기도 하고, 퍼포먼스가 끝난 후에 이미 만들어진 책에 남은 재료들을 끼워 넣기도 합니다. 이처럼 전시 동안 계속 모습을 바

꾸며 갱신해 나가는 배불뚝이 주머니 같은 종이 더미를 만들고 있습니다. 또한, 작가의 콘텐츠에 반응하여 종이에 구멍을 뚫거나, 페이지의 중간에 먹지를 끼워 넣어 책을 열었다 닫을 때 얼룩이 남도록 설계하기도 하죠. 결국, 사전에 제작된 책이 전시 동안 변형되면서 다양한 사건에 어떻게 반응하고 흔적을 남기는지를 탐구하고, 이를 책의 형태로 옮기는 작업을 진행하고 있습니다.

전시와 함께 만들어지고 있는 책
(사진 촬영: @es6uiw)

『자화상』
화원, 미디어버스, 프로파간다 공동발행, 2024, 김영나

임경용: 과정이라고 하면 김영나 작가의 『자화상』도 오랜 시간과 과정을 거쳐 만든 책으로 알고 있어요.

신동혁: 『자화상』은 길고 복잡한 작업 과정을 거쳐서 나온 책이지만, 결국에는 페이퍼백으로 귀결시키고 싶었어요. 우리가 원하는 형식이 그렇다고 생각해요. 복잡하고 심각한 과정임에도 불구하고, 독자들이 좀 더 편하게 접근했으면 좋겠어요. 손영은 작가의 책 또한 오랜 시간 동안 쌓인 내용을 한 페이지 안

에 압축해서 보여주는 형식이죠. 각각의 장은 하나의 종이 안에 많은 시간과 과정이 쌓여 있는 결과물이고요. 이러한 접근은 독자에게는 다양한 경험을 제공하면서도, 그 속에서 복잡한 이야기를 직관적으로 전달할 수 있는 방법이라고 생각해요.

신해옥: 그렇게 쌓인 퇴적을 독자가 모두 읽어주는 것은 어려울 수 있지만, 김영나 디자이너의 책 같은 경우에는 오랜 시간 동안 서신을 주고받듯이 만든 책이에요.

신동혁: 맞아요. 김영나 작가는 예전부터 스티커나 사탕 포장지 같은 레디메이드 그래픽에서 추상적인 요소를 발견하고, 이를 바탕으로 작업을 이어오고 있습니다. 그렇게 만들어진 작품들이 두산갤러리에서 열린 개인전에서 실물 아카이브로 정리되었고, 저는 이러한 아카이브가 다시 새로운 작업의 재료로 사용될 수 있다면 좋겠다고 생각했습니다. 『자화상』은 그런 새로운 작업의 팔레트이자 토대가 될 수 있도록 기획하고 디자인한 결과물입니다.

신해옥: **구체적으로는 230×300mm 크기의 판형을 활용하여, 1:1 스케일로 실물 아카이브를 재현한 이미지를 중앙 정렬로 배치했습니다.** 또, 책의 섬네일을 뒷부분 구석에 배치하여 일종의 가계도처럼 보이도록 구성했죠. 이렇게 구성함으로써, 한 장의 이미지가 생성하고 파생시킨 수많은 연결고리를 이 책을 통해 보여주고 싶었어요. 평평한 이미지 한 장의 앞뒤에는 어떤 맥락과 역사가 붙어 있는지를 직관적으로 드러내고자 했달까요.

『윈도우 프로젝트』
화원, 2024, 신신

신동혁: 다음 소개글을 인용해 이 책의 배경에 대해 설명 드릴 수 있을 것 같아요.

"국립현대미술관 서울관에서 '미술책방 다시보기'라는 프로젝트의 일환으로 진행했던 〈윈도우 프로젝트〉는 미술책방을 둘러싸고 있는 창문에 인쇄 제작 기호를 입힌 설치작업이다. 도로면 창문에는 색상 막대를 재해석한 유사-스테인드글라스가, 내부의 복도면 창문에는 망점이, 복도 바닥에는 교정마크 등이 설치되어 미술책방에 놓인 출판물들의 주변 풍경을 장식하고 있다. 이 공간에 설치된 그래픽들이 빛과 반응하며 만들어낸 풍경은, 박성수에 의해 다시 사진으로 평면화 되었으며 동명의 출판물에 담긴 공간-그래픽-사진-인쇄물의 변환과정을 거치며 책이 만들어지는 과정을 통해 책이 지니는 입체적 풍경에 대한 기록이다."

이 책은 국립현대미술관 미술책방의 의뢰로 제작한 윈도우 그래픽을 기록하고, 서점에 놓인 책들과의 관계를 설정하는 매개물로 기획되었어요. 서점에 비치된 책들이 최종적으로 납품완료된 인쇄물이라면, 창문에는 제작 과정에서 사라진 인쇄 기호를 다시 불러와 그들의 역사를 상기시키고자 했습니다. 이렇게 호출된 인쇄용 그래픽은 햇빛에 반응하면서 서점 안에 새로운 풍경을 만들어냈고, 우리는 그 장면을 사진가와 함께 기록했습니다. 그 사진들을 다시 인쇄 테스트 시트 레이아웃에 맞춰 재편집하고 인쇄하다 보니, 최종 결과물이 사진집인지 인쇄 테스트 패턴 시트를 접어 만든 가제본인지 모호한 형태가 되었습니다. 이는 책과 주변 풍경 사이의 중간 단계라는 개념을 드러낼 수 있다고 판단했습니다. 사실, 대부분의 책은 완성품으로만 존재하잖아요. 책이 만들어지는 과정—전지에 인쇄되고, 접히고, 제본 및 재단되는 과정—을 이 책을 통해 포착하고 싶었습니다. 보통 사철 제본을 할 때 재단을 하지 않으면 내지가 분리되지 않고 그대로 묶여 있지만, 표지와 결합한 뒤 재단하면 우리가 익숙한 형태의 사철 제본 책이 됩니다. 그러나 우리는 '과정'이라는 개념을 강조하기 위해 이 상태 그대로 책을 완성했어요. 총 네 장의 다른 전지를 접어 만든 이 책은, 페이지를 넘기면서 인쇄 과정의 흔적을 자연스럽게 경험할 수 있도록 구성되었습니다.

신해옥: 이 프로젝트는 "책이 있는 미술책방"이라는 공간에 대한 작업이었기 때문에, 책이 어떻게 출간되는지를 시각적으로 풀어내는 데 집중했어요. 그래서 인쇄 과정에서 사용되는 여러 요소들도 디자인에 적극적으로 활용했습니다. 예를 들어, 인쇄기에 핀을 맞추거나 잉크 농도를 조절하기 위한 테스트 패턴 같은 요소들을 레이아웃의 일부로 삼았으며, 이 책이 사진집인지 그래픽 디자인에 관한 것인지를 그 경계를 흐리려는 시도를 했어요. 개별 페이지들이 아닌 하나의 납작한 이미지로 전체적인 구조를 이루도록 한 것도 같은 맥락입니다. 설치된 전경을 보면, 유리에 반사된 빛이 책방 내부로 스며들면서 추상적인 이미지들이 만들어졌어요. 그 장면을 다시 포착하여, 책

이 완성되기 전의 중간 상태로 구현한 것이 이번 작업이었습니다. 사실, 이 책은 화원에서 제작되었고 우리가 직접 진행할 수 있었기 때문에 가능했던 시도라고 생각합니다.

화원
2022-, 신신

임경용: 화원은 신신에게 중요한 의미를 가지는 것 같아요. 디자이너가 운영하는 출판사인데 일반적인 출판사라기 보다 출판 프로젝트에 가깝고 훨씬 더 자율성을 가지고 디자이너들을 위한 책을 만들고 있는 것 같아요. 그리고 이번에 사무실 공간 이름을 화원으로 붙이고 약간은 사적이면서 공적인 프로젝트 스페이스를 기획하기도 했죠. 화원에 대해서 이야기해주시면 좋을 것 같습니다.

신동혁: 화원을 처음 만들던 때를 돌아보면, 우리가 디자인한 결과물은 아카이브되거나 논의의 주제가 되지만, 정작 그 과정이나 방법론에 대해서는 잘 다루어지지 않는 것 같았어요. 그런데 우리는 그 과정 자체가 정말 중요하다고 느끼고 있었고, 자연스럽게 이를 포착하고 기록하는 데 관심을 가지게 되었죠. 사실 누군가가 대신 해주면 좋겠지만, 시장성이 없는 일이다 보니 결국 우리가 직접 해야겠다는 결론에 이르게 되었어요. 그런데 이 작업을 우리 힘만으로 생산하고 유통하는 건 너무 부담스러워서, 오랜 관계를 맺어온 미디어버스와 협업하는 게 좋겠다고 생각하게 되었습니다.

임경용: 디자이너나 스튜디오에서 출판사를 운영하는 경우가 종종 있지만, 항상 유통이 문제인 것 같아요. 화원의 이름으로 출간되는 모든 출판물을 동일한 방식으로 유통하진 않죠. 화원의 어떤 책은 북페어 같은 곳을 통해서만 선보이기도 하고 어떤 책은 일반 서점에서도 유통되죠. 심지어 판매하지 않고 개념으로만 존재하는 책도 있고요.

신동혁: 맞아요. 페이퍼백 이야기로 시작했기 때문인지 모르겠지만, 우리에게는 경제적 여건이 정말 중요해요. 출판을 통해 이익을 내는 것까지는 바라지 않지만, 적어도 손해만 보지 않으면 다행이라고 생각합니다. 그런데 이런 현실적인 제약이 책의 구체적인 형태에 큰 영향을 미친다는 것도 사실이에요. 무리하게 극복하려고 하기보다, 오히려 그 한계를 인정하고 받아들이면서 현실적인 대안을 찾는 게 더 중요하다고 느껴요. 그렇게 해서 책이 무사히 나오고 유통될 수 있다면 그걸로 충분하죠. 결국, 우리가 화원을 만든 것도 그런 맥락에서 출발했어요. 우리만의 알리바이를 공유할 수 있는 동료이자 목격자를 만나고, 함께 관심사를 나누기 위한 채널이 되고 싶었던 거죠.

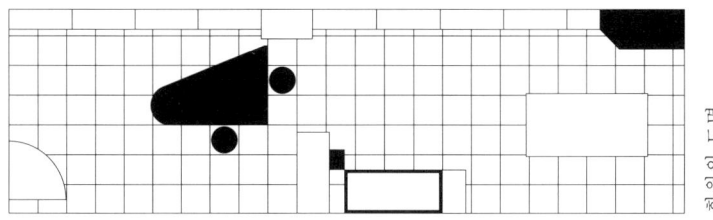

책, 시간, 공간 57

『책의 여백에서』(가제)
화원, 2025, 키쿠치 노부요시

이미지 출처: 무비랜드 홈사이트(<movieland.co>)

임경용: 2024년 6월에 신신이 성수동의 작은 상영관을 빌려서 〈책 종이 가위〉라는 다큐멘터리를 상영했잖아요. 그때 동료나 친구들을 불러서 함께 영화를 봤는데 상당히 인상적이었어요. 제가 아는 디자이너나 미술 관계자들도 많이 왔는데 신신이 생각하는 가치를 함께 공유하고 싶어하는 것처럼 보이기도 했고요. 두 가지 질문을 하려고 하는데, 첫 번째는 왜 그 다큐멘터리가 인상적이었는지, 그 분이 얼마전에 작고하셨지만 수십 년 동안 1만권이 넘는 책을 디자인하셨고 일본 북디자인에 있어 굉장히 중요한 인물이셨다고 생각했어요. 왜 그 다큐멘터리를 동료 디자이너들과 함께 보고 싶었는지 궁금하고요. 두 번째 질문은 이 분이 쓰신 책을 화원에서 출간하려고 준비 중인데, 그 과정에 대해서도 짧게 이야기해주세요. 왜 이 책의 한국어 번역본을 출간하고 싶어했는지 궁금하네요.

신해옥: 그 책은 단순히 디자인 방법론이나 북디자인에 관한 이야기가 아니라, 저자가 어떻게 살아왔는지, 그리고 무엇을 좋아하며 아름다움을 만들어 왔는지를 담고 있어요. 즉, 디자인 과정에 대한 이야기일 수도 있고, 디자이너가 갖는 어떤 관점이나 태도에 대한 이야기일 수도 있죠.

신동혁: 그분이 책이나 디자인에 대해 가진 관점도 흥미롭지만, 요즘 우리는 오히려 직관을 기록하는 데 더 집중하고 있는 것 같아요. 논리적인 설명보다는 때로는 순간적으로 떠오르는 감각이나 아이디어를 놓치지 않고 포착하는 게 더 중요할 때가 많잖아요.

임경용: 직관이라고요?

신동혁: 맞아요, 직관이 정말 중요한 요소죠. 논리적인 설명이 필요할 때도 있지만, 창작자의 직관이나 경험에서 나오는 감각적인 요소들도 무척 중요합니다. 결국 오리지널리티라는 것은 이러한 요소들의 축적에서 나오니까요. 가끔 어떤 아이디어가 너무 추상적이어서 말로 설명하기 어려울 때가 있는데, 오히려 그런 모호함이 창작의 원동력이 될 때도 있어 보여요.

신해옥: 북디자이너가 책을 쓴다고 하면, 보통의 독자는 그 사람의 타이포그래피나 북디자인 결과물에 대한 기대를 하게 될 거예요. 하지만 그는 자신이 발견한 아름다움과 사랑하는 것들에 대한 이야기를 풀어냈어요. 아주 일상적인 것들에 관해

서 말이죠. 키쿠치 노부요시의 다큐멘터리와 영화 속에서 등장했던 그 책은 그의 삶이나 일상이 작업에 어떠한 영향을 미치는지를 논리보다는 태도에 근거해 잘 보여주고 있는 것 같아요. 그래서 우리는 그 책을 한국어로 출판하기로 결정했습니다. 이 책은 아주 일상적인 풍경 안에서 디자이너가 무엇을 보고 어떻게 생각의 타래를 이어갈 수 있는지를 보여주는 예제 모음집 같은 느낌이 들어요.

신동혁: 상영회를 통해 특별히 구체적인 메시지를 전달하려던 것은 아니었어요. 다만, 일본 북디자인 중흥기를 이끌었던 키쿠치 노부요시라는 디자이너를 살펴보면서, 우리가 2020년대 이후 어떤 방향으로 나아가야 할지 스스로 질문해보는 계기가 되길 바랐어요. 단순히 낭만적이고 아름다우면서도 어딘가 공허해 보이는 그의 삶을 감상적으로만 볼 게 아니라, 일과 삶을 일치시키며 생활 속의 발견을 작업으로 연결하고, 그 작업이 다시 생활에 영향을 주는 흐름을 오랫동안 고민해온 사람들과 함께 목격하고 싶었던 것 같아요.

『이음말 渡り言葉 Catchword』
화원, 2025, 신해옥

신해옥: 화원에서 출간 준비 중인 또 다른 책은 오늘 대화에서 여러 번 언급된 '책의 시퀀스'에 관한 것입니다. 어렸을 때 부모님께서 전집 세트를 많이 사주셨어요. 때문에 집에는 세계문학 전집이나 과학 전집 같은 책들이 가득했죠. 저와 동생은 그 책들을 가지고 집에 다리를 만드는 게임을 자주 했어요. 거

실에서 화장실까지 이어지는 다리나, 제 방에서 안방까지 연결된 징검다리 같은 것들이요. 건너기 쉬운 다리도 있었지만, 점프를 해야지 건널 수 있는 난이도가 있는 다리도 만들었고, 어떤 다리는 용암 위에 지어져 떨어지면 바로 죽는 설정을 하기도 했어요. (웃음) 책을 밟고 한 발짝씩 건너가면서 앞으로 나아가는 게 중요했고, 그렇게 연결된 책을 순서대로 올라서서 처음부터 끝까지 가면 게임이 완결되는 방식이었죠. 사실 책을 읽는 것도 첫 페이지부터 마지막까지 어떤 이야기를 따라 긴 여정을 가는 것과 같잖아요. 이런 경험을 독서와 연결시킬 수 있을 것 같다는 생각이 들었어요.

 1700년경, 학자이자 정신과 의사였던 존 로크(John Locke)가 주변의 이야기를 모아 자신만의 선집을 만드는 방법에 대해 얇은 책을 썼어요. 이 책을 번역하고, 제가 모은 이야기를 더해서 새로운 책을 만들려고 합니다. 이 책은 앞으로 추가될 여러 이야기를 담을 컨테이너이자, 리딩 퍼포먼스를 위한 도구로 완성될 거예요. 이 책을 이용하여 제가 어렸을 때 동생과 했던 것처럼, 페이지를 펼쳐두고 다리를 만들고, 그 페이지 위에서 점프하면서 한 페이지씩 읽는 퍼포먼스를 하려고 해요.

신동혁: 이 책은 해옥 씨가 『개별꽃』에서 시도했던 것을 확장한 버전이라고 할 수 있을 것 같아요. 그때는 문단 단위의 인용구를 이어서 하나의 챕터를 완성했지만, 이번에는 그보다 더 큰 단위로, 몇십 페이지씩 붙여가면서 잡지와 같은 형식이 되지 않을까 싶어요. 그리고 이 조각글들을 관통하는 메시지는 4월에 있을 후쿠오카와 오사카의 전시에서 징검다리 퍼포먼스를 통해 구현될 것입니다.

임경용: 재밌을 것 같습니다. 2025년 4월에 일본 후쿠오카와 오사카에서 하는 전시에 대해서도 짧게 설명해주세요.

> 신동혁: 두 전시는 같은 작업을 다루지만, 공간의 조건과 상황에 맞춰 각기 다른 방식으로 연출될 예정이에요. '신신'이라는 이름으로 진행되는 전시라기보다는, 신해옥과 신동혁이 각자의 주제를 한 자리에서 선보이는 2인전에 가까운 형태가 될 것 같아요. 각자의 관심사가 개별적으로 전개되면서도 한 공간 안에서 자연스럽게 어우러져, 신신이라는 정체성이 은근히 드러나지 않을까 기대하고 있습니다. 우리가 책에 대한 이야기를 많이 나누긴 했지만, 결국 그래픽 디자이너인 만큼 이미지와 텍스트가 어떻게 생산되고 유통되는지에 대한 고민이 바탕에 깔려 있어요. 저는 그걸 포스터로 표현하고, 해옥 씨는 책이라는 아주 고전적인 매체로 풀어내는 방식입니다.

군산북페어 2024

임경용: 신신은 전시도 많이 참여를 하지만 북페어 같은 곳을 통해서 직접적으로 독자를 만나는 것을 즐기는 것 같아요. 2024년에 군산북페어에도 참여했는데 어떠셨나요?

> 신동혁: 정말 재미있는 경험이었어요. 미디어버스와 함께 뉴욕 아트북 페어도 가봤지만, '화원'이라는 이름으로 북페어에 참여한 건 그렇게 많지 않았거든요. 우리가 만든 책이 일반 독자들에게 쉽게 이해될 만한 책은 아닐 거라고 생각했어요. 그런데 군산 북페어에서 관람객에게 우리 책에 대해 계속 설명

하다 보니, 어느 순간 일방적인 설명이 아닌 그 분들과 대화를 나누고 있다는 것을 발견했어요. 그때 묘한 쾌감 같은 걸 느꼈던 것 같아요. 가져갔던 책들도 전부 판매되었고요.

임경용: 디자이너가 자신의 작업물을 설명해야 한다는 것 자체가 어쩌면 이상하게 들릴 수도 있지만, 신신이 만든 책, 특히 화원의 책들은 그런 부분이 있는 것 같아요. 디자인의 전체적인 방법론보다 책마다 특정한 방법론이나 전략이 적용되는데, 그게 바로 직관적으로 이해되지는 않거든요. 하지만 그 설명을 듣고 나면 독자들도 그 의도를 깨닫게 되면서 일종의 쾌감을 느끼게 되죠. 그러면서 책에 대한 인식이나 이해도가 확장되는 경험도 생기는 것 같아요.

신동혁: 솔직히 "이런 책도 과연 팔릴까?" 싶었던 책들까지 모두 판매되었어요. 그 경험을 통해 북페어뿐만 아니라 평소에도 우리 책을 소개하고 공유할 수 있는 공간이 필요하다는 생각으로 이어졌죠. 직접 유통을 경험하며 다양한 상황과 조건 속에서 책이 어떻게 전달될 수 있을지 실험하다 보니, 자연스럽게 물리적인 공간의 필요성을 절감하게 되었고요. 앞으로 이 공간에서 책을 매개로 다양한 시도를 해볼 생각을 하니 설렘이 큽니다.

신해옥: 우리가 식재한 책들로 가득한 정원을 떠올리며 '화원'이라는 이름을 지었어요. 이곳이 단순한 개인 공간이 아니라, 사람들과 함께 나누고 소통하는 커뮤니티 공간이 되길 바라요. 결국, 책을 만든다는 것도 다른 이들과 이야기를 나누기 위한 일이니까요.

책은 전진한다
— 책, 시간, 공간

첫 번째 찍은 날   2025년 6월 16일

펴낸곳   미디어버스
         출판 등록: 2007년 2월 8일
                  (제313-2007-36호)
         주소: (03035) 서울시 종로구
               자하문로19길 25 지층
         전자우편: mediabus@gmail.com
         웹사이트: www.mediabus.org

지은이·디자인   신신(신해옥·신동혁)

영문 번역   이미지

인쇄 및 제책   세걸음

ISBN 979-11-90434-81-2 (03600)
ISBN 978-89-94027-76-0 (세트)
값 15,000원

ISBN 979-11-90434-81-2 (03600)   값 15,000원

미할리스 피힐러, 『빵제작 예술』, 두성종이, 2[...]
Michalis Pichler, *Brotfehler* (Berlin: se[...]
<https://www.buypichler.com/book[...]

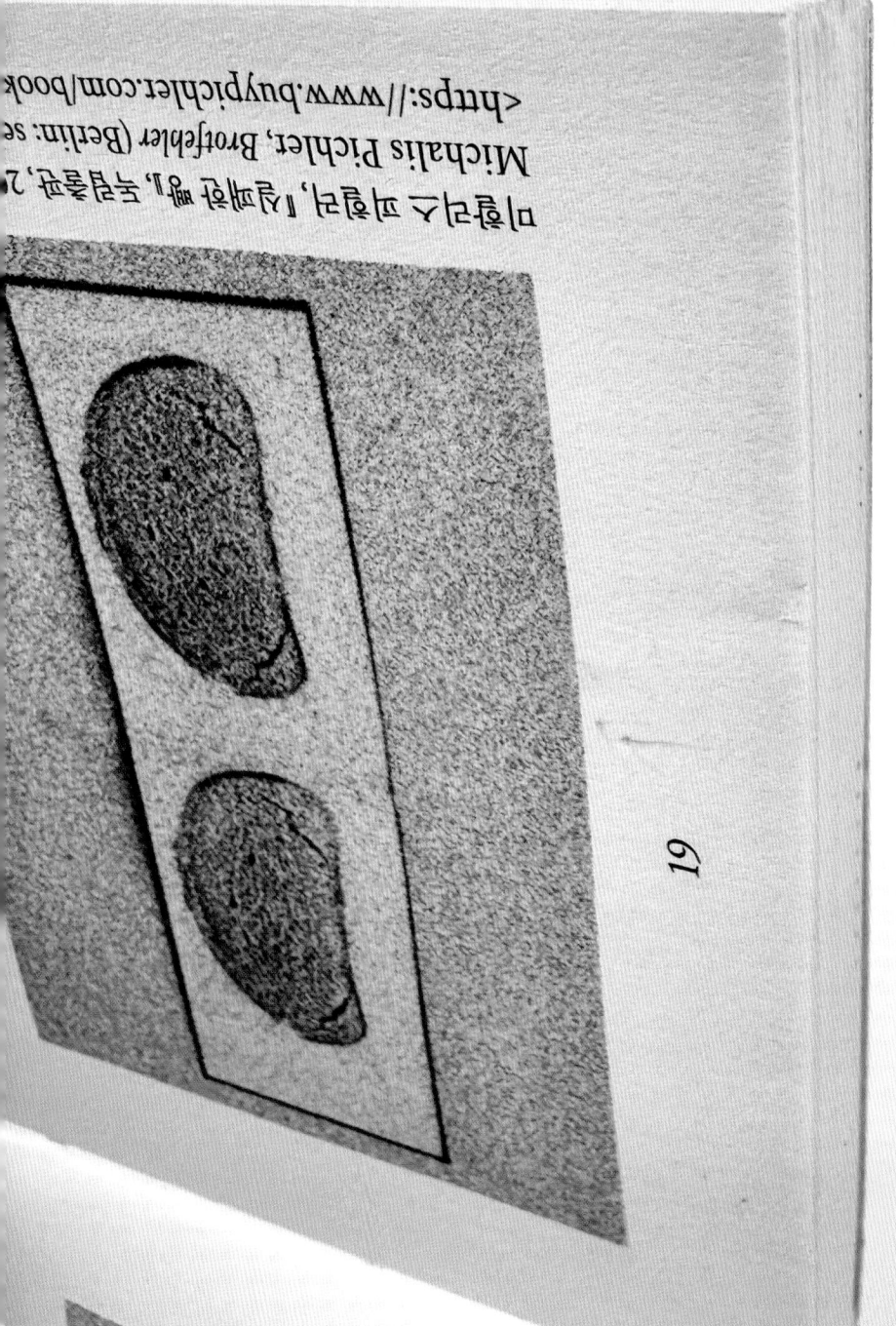

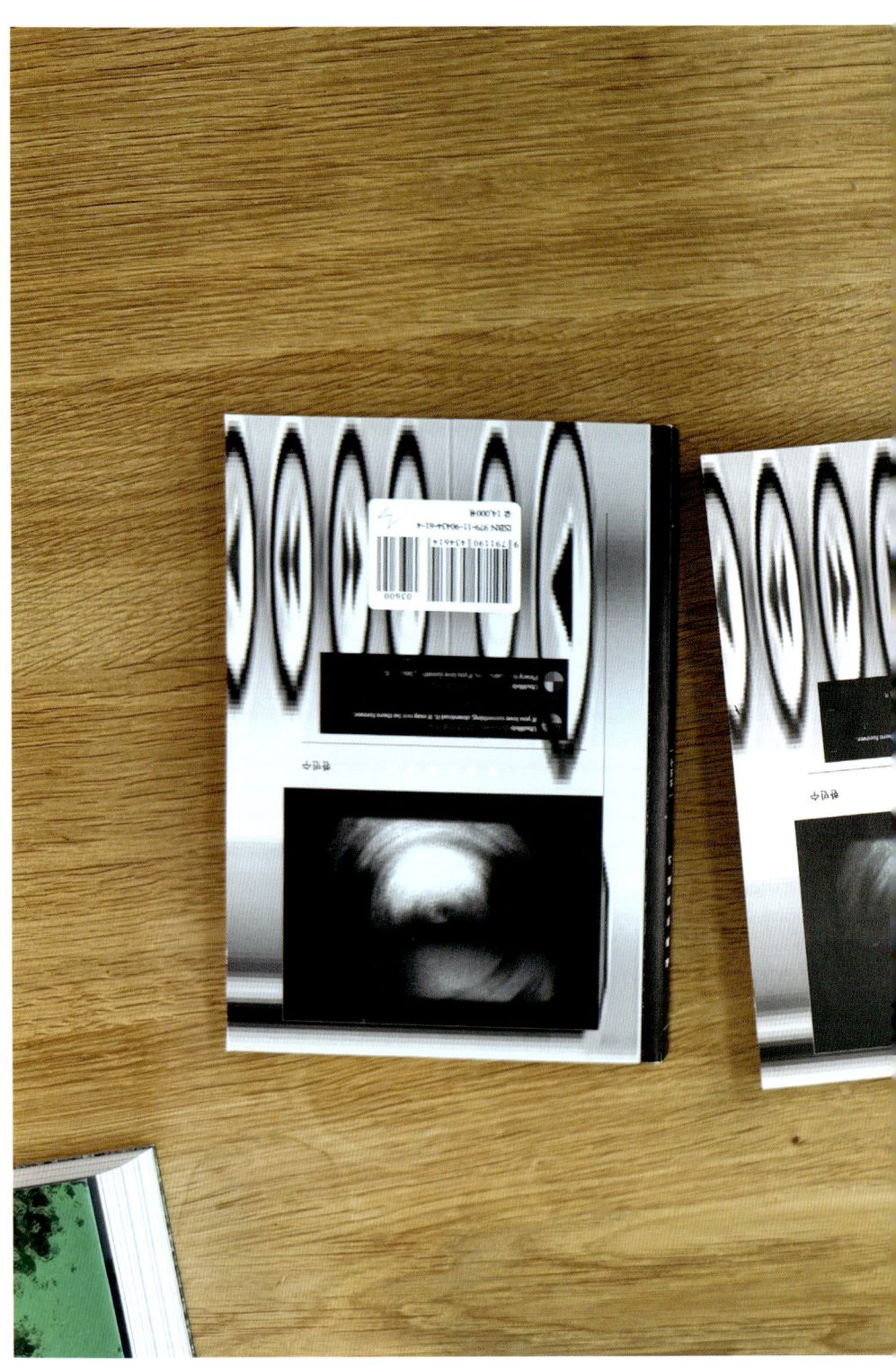

명과 나눈 짤막한 대…
해외의 영화 웹진 《센스 오브 시네마…
제를 "영화 해적질(film piracy)" 특집으로 편성…
게 이루어지는 해외의 사정과 별개로, 한국에…
이 거의 금기시되는 분위기였다. 이를테면 몇…
가 한국의 자막 사이트 씨네스트가 사라…
이라고 썼다가 어떤 영화잡지의 기자로부…
멍청한 소리는 처음 들어 본다고 공격받…
자를 위한 것이라는 걸 주지시키기 위해…
기자에 대해서는 굳이 말을 더 얹고 싶지…
적질이 영화 '산업'을 망친다고 주장하…
하고 싶은 생각이 없다. 이 책이 겨냥하…
아니기 때문이다. **이 책은 오히려 해…
고, 그 틈새가 만들어 내는 문화를 전…**
그렇기 때문에 이 책에서 한국…
는 상업 영화나 중소규모의 아트하…
맥거핀에 가깝다는 걸 먼저 밝혀…
티비'에 대해서는 다루지 않는다…
적인 경로로는 서비스되고 있지…
영화들도 해외의 2차 매체(블루…
테리언 채널, MUBI 등)를 통…
를 기다려야 한다고 주장하는…

에 대해 말하는
어떤 SNS에서 누군
보다 실이 더 많을 것
 안 나온다느니, 저런
있었다. 저작권은 창작
백과사전까지 인용한 그
. 또한, 나는 누군가가 해
것에 대해서도 굳이 반박
 시퀀스가 애초에 그곳이
만들어 내는 틈새를 포착하
는 데 그 목적이 있다.
적인 경로로 수입되어 개봉하
영화들에 대한 해적질은 사실
다시 말하면, 이 책에서는 '누누
다. 하지만, 나는 한국에서 공식
수많은 고전 영화나 아트하우스
DVD)나 스트리밍 서비스(크라이
아야 한다거나 정식으로 수입되기
적인 사람들도 보았다. 구태여 내가

3 플레이어를 에지 mp3
다.
: 문제였다.
강남역
지오디
다른 매장이
는
",
다른 이메드
가 조차가
장점을 떨었다.
고 있다.
, 중요인
에는 1980년에
트 체페이
공장는 일본인
동산가 NTT

기고문 |105|
김태일
김영수 |121|
바사리움
바렌탕
이인용
운영점
운발기
운향로
장지흑
장시흥
자에쿠
판상욱
활성점 서울랜드 포획 포토일지 |139|
별시호
안인용 Seoul land Mark |145|
이상묘 |169|
* 기사이동의 물통
기사이동 교재로
이동장으로 |185|
가지지 않았다.
i 시시(지동체), 신여
공장인체 |201|
전여 |217|
길들 #threshold |241|
DSP 개예기 |289|
|305|

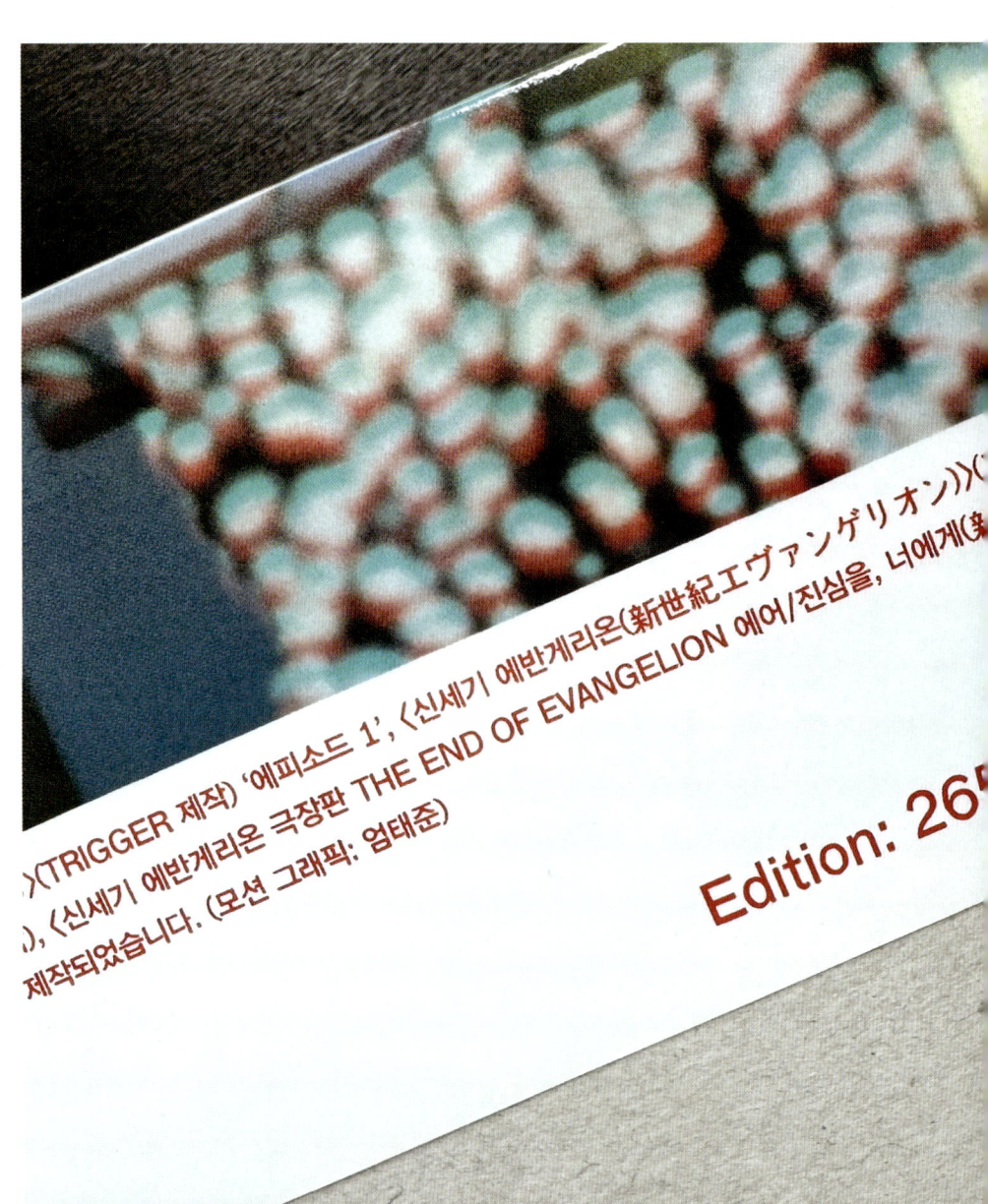

제작) '에피소드 2, 3, 5, 6, 25, 26', 〈초시공요새 마크로스(超時空要塞マ ヴァンゲリオン 劇場版 THE END OF EVANGELION Air/まごころを、君に

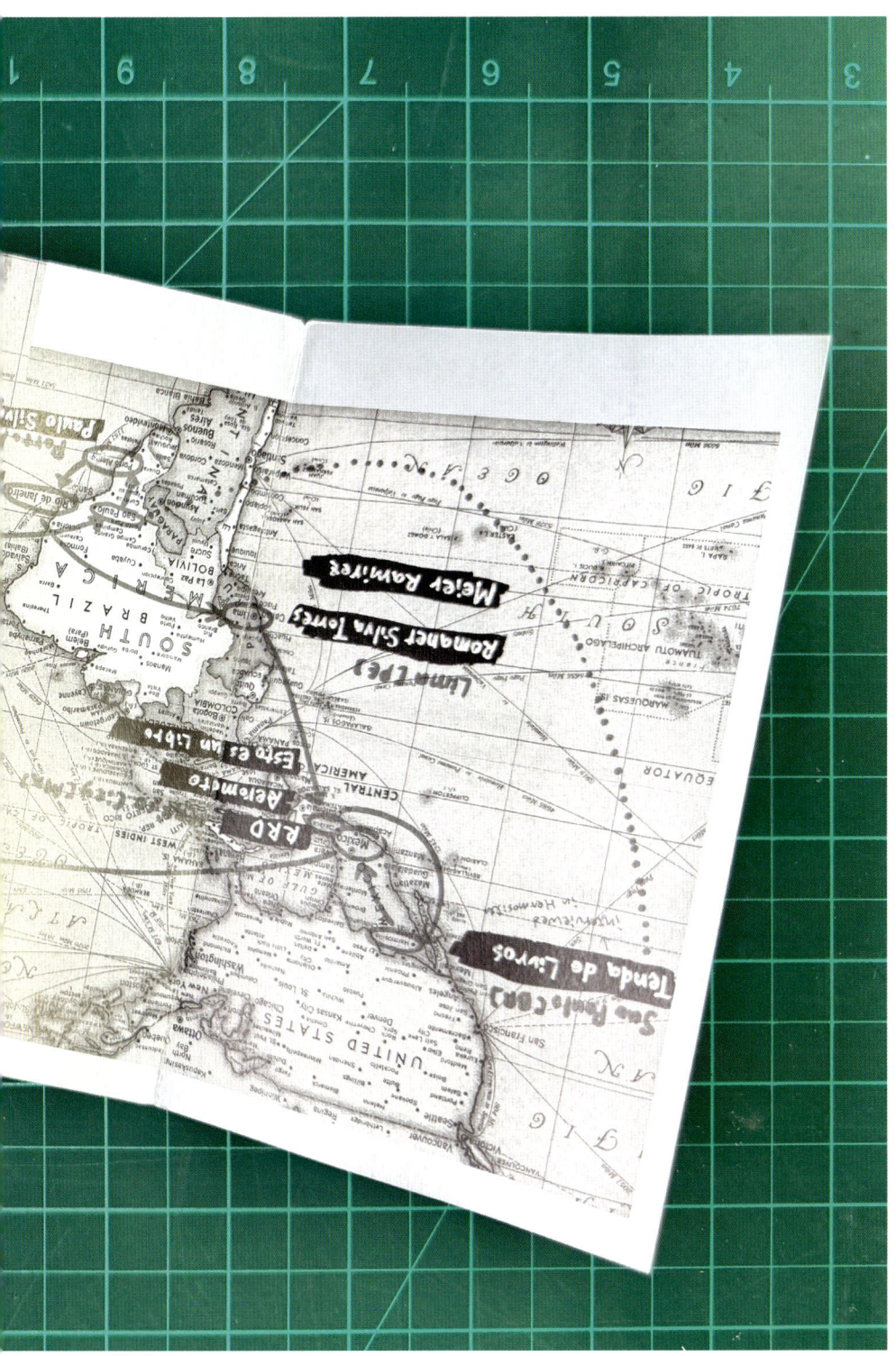

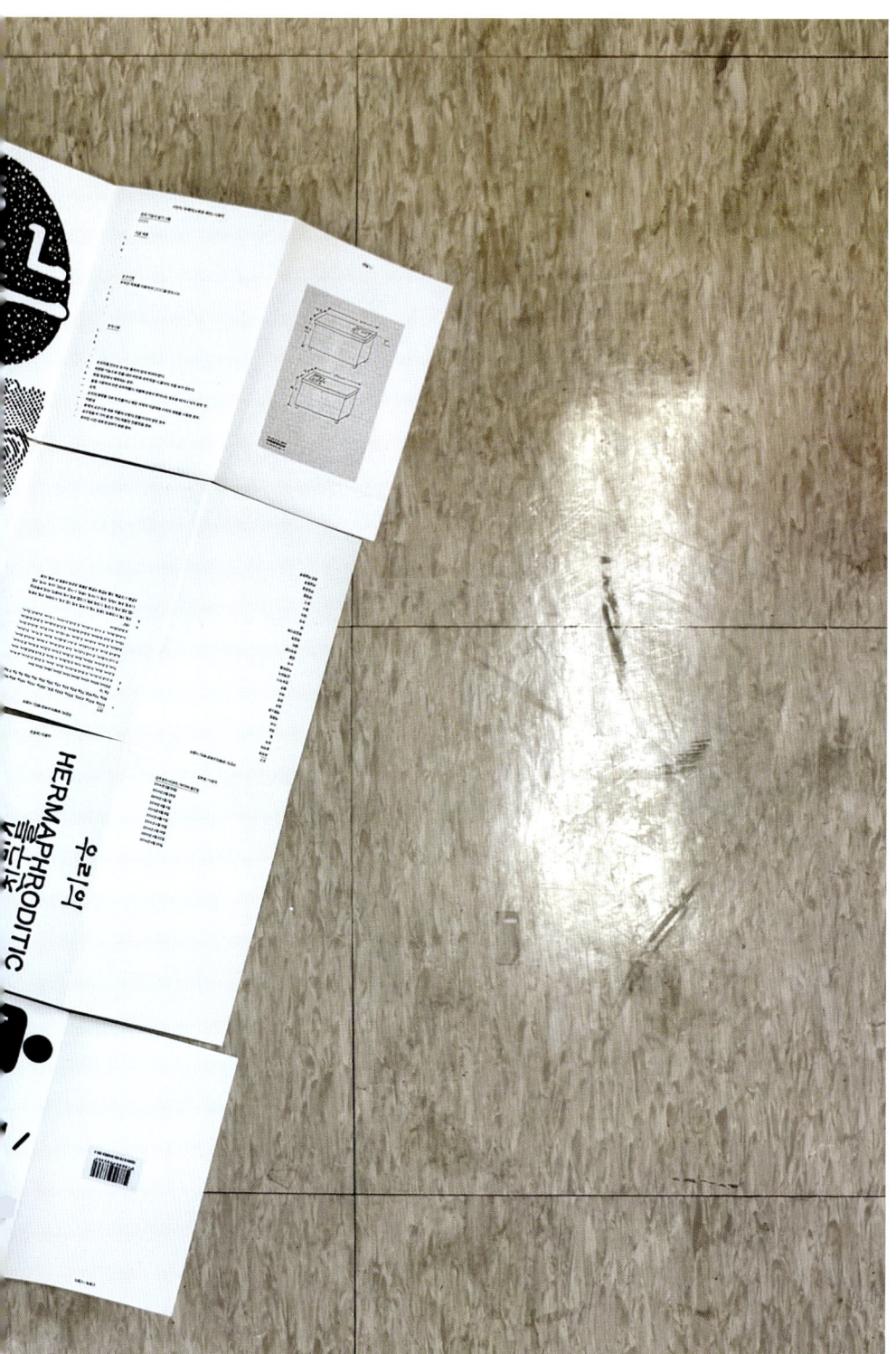

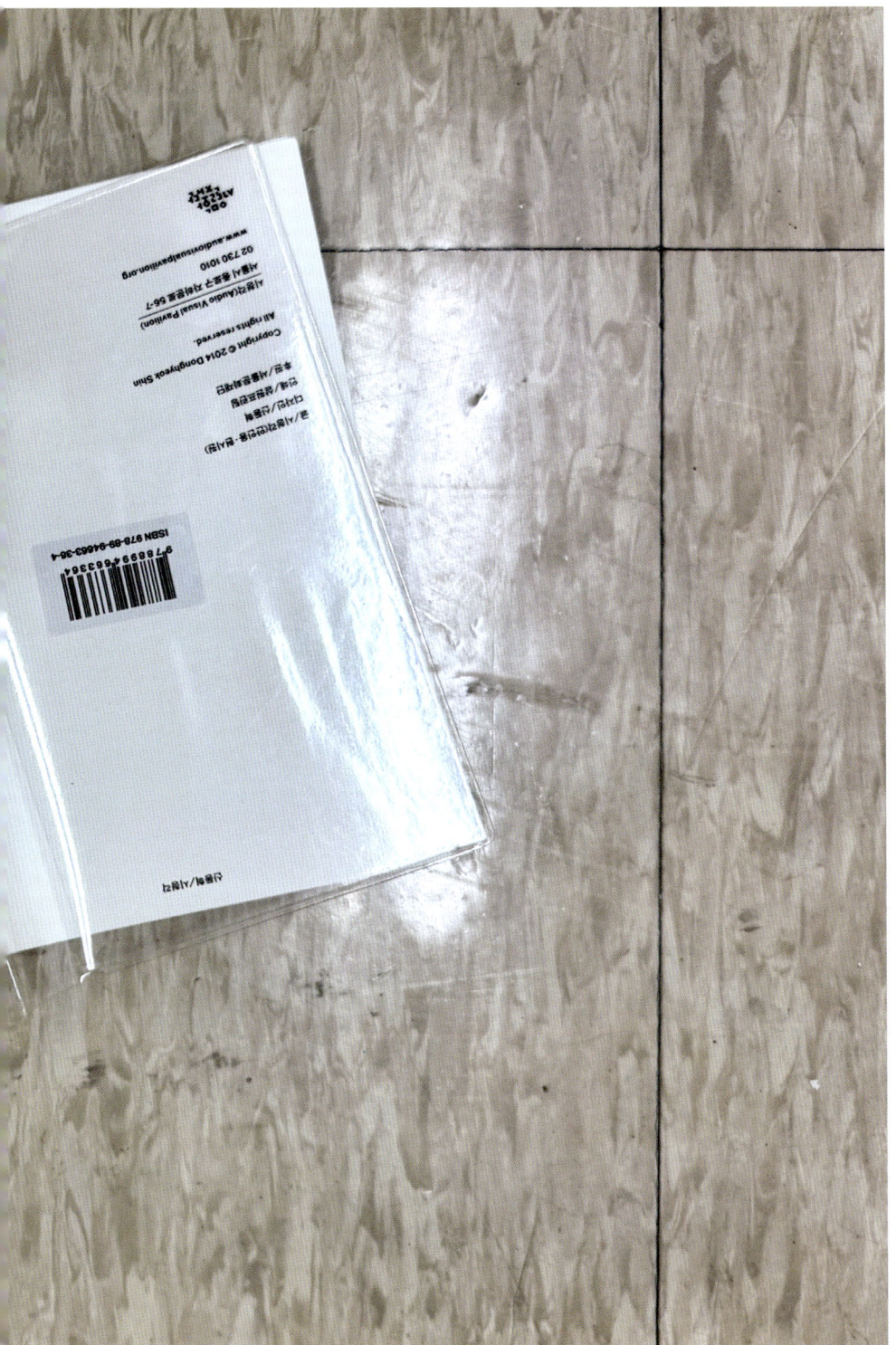

ISBN 978-89-94027-82-1 (04600)

Stochastic Simulation

MCLUHAN/残像
AND 平野秀秋

The
EIGHT
Information
BOMB

쿠엔틴 피오레

책의 미래

near future
foreseeable future
distant future
alternative futures
in the future
000,000 years from now
high-probability future
low-probability future

사람들은 삶이 중요하다고 말한다, 하지만 나는 책이 좋다.
로건 피어솔 스미스
"뒤늦은 생각들"

그러나 그대는 **너무 많은** 책을 읽고, **너무 많은** 계획을 세우고, **너무 많은** 소원을 품고, 그대의 불쌍한 머리가 돌아버릴 지경이다.
—매튜 아놀드(1822–1888)
"차선"

정보에 대한 우리의 욕구는 너무
욕스러워 현재의 고속 인쇄 기술로도
욕구를 충족시킬 수 없게 되었다. 10년
에는 정보가 너무 풍부해져서 인쇄물이
닌 다른 방법으로 정보를 전달하거나
원히 유예된 상태로 남아 있어야 할
다. 암살, 대통령 위원회 임무 보고서,
인 전기 등 시기적으로 중요한 책들로
많은 출판사들의 제작 일정에 차질을
있다. 10년 후에는 엄청난 양의
가 쏟아질 것이며, 그 중 상당수는
실에 도착하기도 전에 구식이 될
! 베데스다의 국립 의학 도서관은
거의 25만 건의 기술 논문, 서적 및
의 색인을 생성했으며, 미국의 우주
램은 매년 100만 페이지 이상의
이터를 추가하고 있다. 과학자와
들은 매년 백만 건 이상의 보고서,
판물을 작성한다. 이러한 방대한
자료는 불과 5년 안에 두 배로
것이다. 반박 사절!
정보를 얻고자 하는 욕구에 대한
응책이 지금 제공되고 있거나 곧
이다.
그림을 더 빠르고 경제적으로
해 개발된 이러한 방법 중
복사본과 인쇄된 페이지
한 작업과 장치를 없애기
높은 확률"로 근미래에
몇 가지 통신 기술은 이런
것이다.

부두술사를 모두 찬양

다르에스살람, 탄자니아, 1968년 2월
날씨를 통제하기 위한 연회비를 내지 않는
에게 화가 난 주술사 7명이 우박을 일으
괴한 혐의로 체포되었다.

이 사건은 탄자니아 서부 키본도 지역
다. 마을 주민들이 연회비 납부를 거부한
이 지역을 휩쓸었다.

충격을 받은 마을 주민들은 지역 행
을 요청했고, 주술사들은 자신들의 책임이
정했다.

지역 공무원인 미셍카질라 씨는 이들을
하라고 명령했다. 그들을 기소할 예정이지만
의는 아직 밝혀지지 않았다.

··· 이것은 예측의 위험성이다.

미래를 단수로, 그리고 일종의 보상으로 생각하
이 된다. 서로 모순되고 종종 상쇄되는 수많은
란히 존재하는 '복수의 가능성'을 표현할 수
는 없다. 우리는 살아가는 일이 비교적 정적이
정연한 일이라고 가정하고, 미래에 대한 개념
면 현재의 추세를 단순하게 직선적으로 예측하
고 생각한다. 책의 미래가 뭐냐고? 단순하다. "···
이 오든, 대홍수가 오든, 맥루한이 오든 이 사실
지 않을 것이다."(1968년 9월 17일, 뉴욕 타임즈
우스키핑 광고)

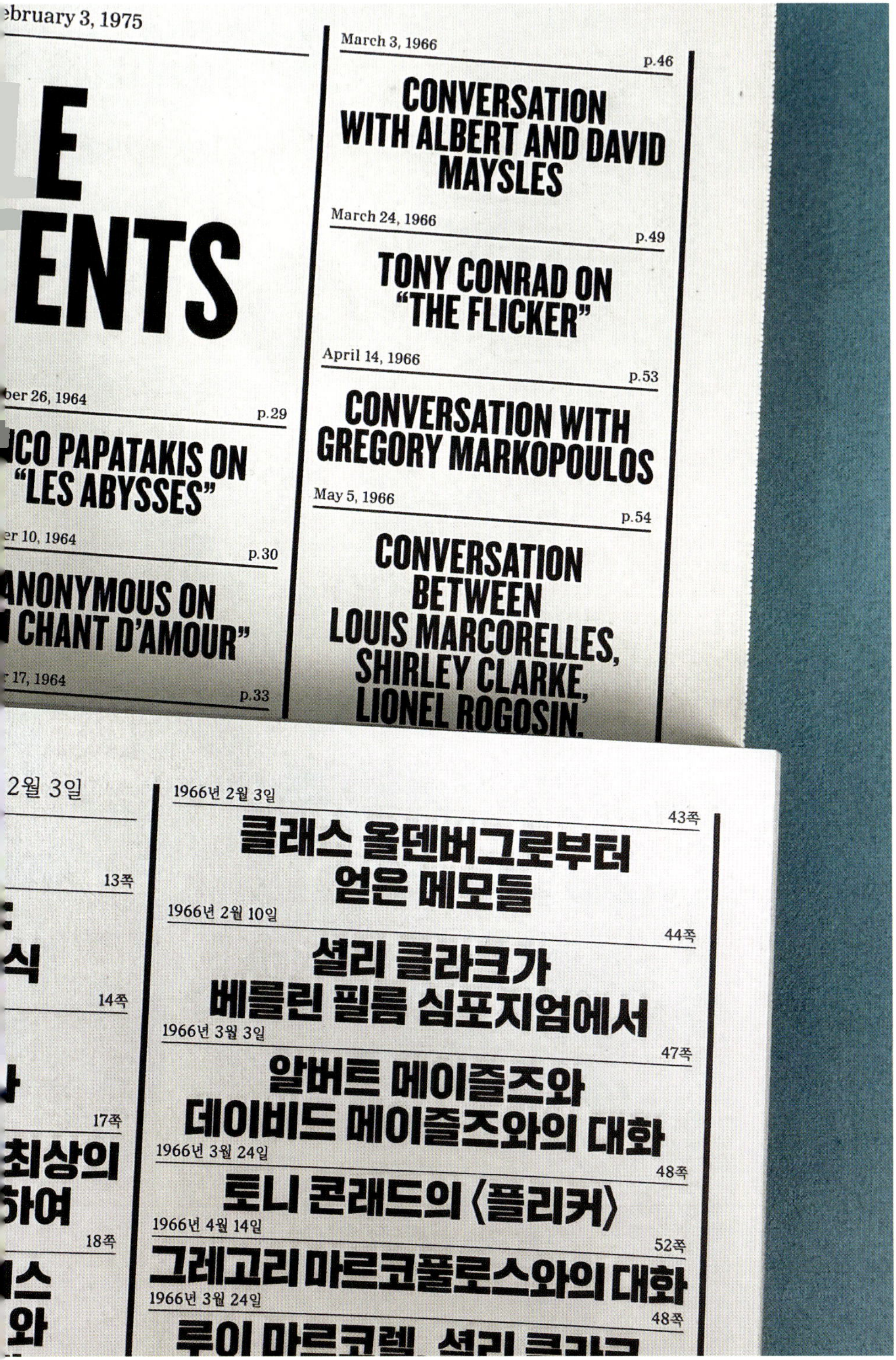

1966년 2월 3일

클라크 데브레그라디 메사들
은 매력들
p.43

1966년 2월 10일

말 룰라리기
배틀린 필름 공표지영에서
모범지표사
p.44

1966년 3월 3일

밤테 메이블토잉
데이터드 메이조들이이 대화
p.47

1966년 3월 24일

토니 콘래드의 〈플리커〉
p.48

1966년 4월 14일

그리고리 마르코풀로스의 대화
p.52

1966년 3월 24일

루이스 마르코렐레스, 셜리 클라크,
라이오넬 로고진의 마아르군인 사기 콘래
p.48

CONVERSATION
WITH ALBERT AND DAVID
MAYSLES
March 3, 1966
p.46

TONY CONRAD ON
"THE FLICKER"
March 24, 1966
p.49

CONVERSATION WITH
GREGORY MARKOPOULOS
April 14, 1966
p.53

CONVERSATION
BETWEEN
LOUIS MARCORELLES,
SHIRLEY CLARKE,
LIONEL ROGOSIN.
May 5, 1966
p.54

Film-Makers' Showcase의 보금자리, 이스트 27번가 138, 뉴욕, 1965년 경

1963년 10월 24일
그들 더 하류층
아동들사 매시

1963년 10월 10일
피츠리 디
미국에서 김

1961년 12월 28일
체험 현대아
허고 물어

1961년 11월 23일
플라거 보이스, 1961년 11월 23일

November 23, 1961
CONVERSATION
WITH JEROME HILL:
MYSTERIES
OF THE SUBCONSCIOUS

December 28, 1961
VITTORIO DE SETA LOST
IN AMERICA

Arrive by
finding a line.

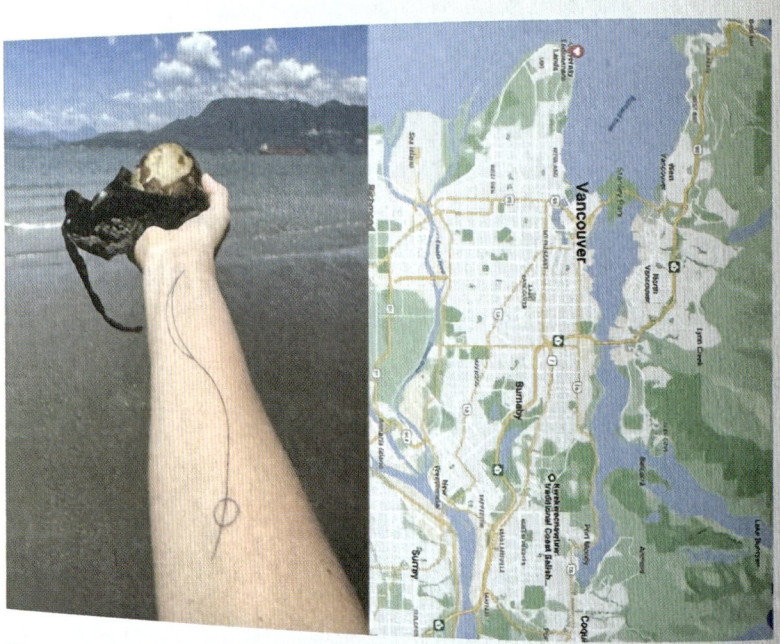

So I decide to walk.

7. <u>How is your practice a practice of relating?</u>

On our first day together, we spoke of the sites we had chosen to listen from. Mine, and most of the others, are close to the mouth, strung out along the shore like burls of bladderwrack. But Rita's was *Kwekwecnewtxw*, the Coast Salish watch house. This cabin was built by Elders and members on the mountain to stand in the

여섯 살 아이들이 함께
낯설고 붐비는 거리를 걸을 때
잡는 선처럼.

6. 무엇이 기억나는가?

내 실천이 걷는 것이며, 때때로 물가로 걷는 것임을 기억
한다.

도착해라,
선을 찾아.

그래서 나는 걷기로 결심한다.

7. 당신의 실천은 어떻게 관계 맺기의 실천인가?

우리가 함께한 첫날, 우리는 각자 듣기 위해 선택한 장
소에 대해 이야기했다. 내 장소와 대부분의 다른 이들의

C

1 40 × 30 cm, Gouache & Acrylic on Paper, 2020
2 40 × 30 cm, Gouache & Acrylic on Paper, 2020
3 27.9 × 35.6 cm, Gouache & Acrylic on Paper, 2019
4 27.9 × 35.6 cm, Gouache & Acrylic on Paper, 2020
5 27.9 × 35.6 cm, Gouache & Acrylic on Paper, 2019
6 27.9 × 35.6 cm, Gouache & Acrylic on Paper, 2019
7 45.5 × 38 cm, Gouache & Acrylic on Canvas 2019
8 27.9 × 35.6 cm, Gouache & Acrylic on Paper, 2018
9 27.9 × 35.6 cm, Gouache & Acrylic on Paper, 2020
10 27.9 × 35.6 cm, Gouache & Acrylic on Paper, 2020
11 27.9 × 35.6 cm, Gouache & Acrylic on Paper, 2020
12 40 × 30 cm, Gouache & Acrylic on Paper, 2020
13 40 × 30 cm, Gouache & Acrylic on Paper, 2020
14 40 × 30 cm, Gouache & Acrylic on Paper, 2019
15 27.9 × 35.6 cm, Gouache & Acrylic on Paper, 2019
16 27.9 × 35.6 cm, Gouache & Acrylic on Paper, 2019

D

1 C I R C L E / L e a v e s,
   162 × 130 cm, Gouache & Acrylic on Canvas, 2019
2 C I R C L E / L e a v e s,
   162 × 130 cm, Gouache & Acrylic on Canvas, 2019
3 L I N E / S t i p a
   T e n u i s s i m a, 130 × 130 cm,
   Gouache & Acrylic on Canvas 2019
4 V O L U M E / L e a v e s,
   Gouache & Acrylic on Canvas, 2019

ISBN 979-11-90434-06-5 03600

YU JEONG EOM

FEUIL
Drawings and Paintings

A

1. 27.9 × 35.6 cm, Ink on Paper, 2020
2. 27.9 × 35.6 cm, Ink on Paper, 2020
3. 27.9 × 35.6 cm, Color pencil on Paper, 2019
4. 27.9 × 35.6 cm, Ink on Paper, 2020
5. 27.9 × 35.6 cm, Ink on Paper, 2020
6. 27.9 × 35.6 cm, Ink on Paper, 2020
7. 27.9 × 35.6 cm, Ink on Paper, 2020
8. 27.9 × 35.6 cm, Pen on Paper, 2020
9. 27.9 × 35.6 cm, Pen on Paper, 2020
10. 27.9 × 35.6 cm, Pencil on Paper, 2020
11. 27.9 × 35.6 cm, Pencil on Paper, 2020
12. 27.9 × 35.6 cm, Pencil on Paper, 2020
13. 27.9 × 35.6 cm, Color pencil on Paper, 2020
14. 27.9 × 35.6 cm, Color pencil on Paper, 2019
15. 27.9 × 35.6 cm, Color pencil on Paper, 2019
16. 27.9 × 35.6 cm, Color pencil on Paper, 2019
17. 27.9 × 35.6 cm, Color pencil on Paper, 2019
18. 27.9 × 35.6 cm, Color pencil on Paper, 2019
19. 27.9 × 35.6 cm, Color pencil on Paper, 2019
20. 27.9 × 35.6 cm, Color pencil on Paper, 2019
21. 27.9 × 35.6 cm, Color pencil on Paper, 2019
22. 27.9 × 35.6 cm, Color pencil on Paper, 2019
23. 27.9 × 35.6 cm, Pen on Paper, 2020
24. 27.9 × 35.6 cm, Color pencil on Paper, 2019
25. 27.9 × 35.6 cm, Color pencil on Paper, 2019
26. 27.9 × 35.6 cm, Color pencil on Paper, 2019
27. 27.9 × 35.6 cm, Color pencil on Paper, 2020

B

1. 27.9 × 35.6 cm, Mixed me...
2. 27.9 × 35.6 cm, Mixed me...
3. 27.9 × 35.6 cm, Mixed me...
4. 27.9 × 35.6 cm, Gouache...
5. 27.9 × 35.6 cm, Gouache...
6. 27.9 × 35.6 cm, Gouache...
7. 27.9 × 35.6 cm, Gouach...
8. 27.9 × 35.6 cm, Gouach...
9. 27.9 × 35.6 cm, Gouach...
10. 27.9 × 35.6 cm, Gouach...
11. 27.9 × 35.6 cm, Gouac...
12. 27.9 × 35.6 cm, Gouac...
13. 48.3 × 61 cm, Gouach...
14. 48.3 × 61 cm, Gouach...
15. 48.3 × 61 cm, Gouach...
16. 27.9 × 35.6 cm, Goua...
17. 27.9 × 35.6 cm, Gou...
18. 27.9 × 35.6 cm, Gou...
19. 27.9 × 35.6 cm, Gou...
20. 27.9 × 35.6 cm, Gou...
21. 27.9 × 35.6 cm, Go...
22. 27.9 × 35.6 cm, Go...
23. 27.9 × 35.6 cm, G...
24. 27.9 × 35.6 cm, G...
25. 27.9 × 35.6 cm, G...
26. 27.9 × 35.6 cm, G...
27. 27.9 × 35.6 cm, ...
28. 27.9 × 35.6 cm, ...

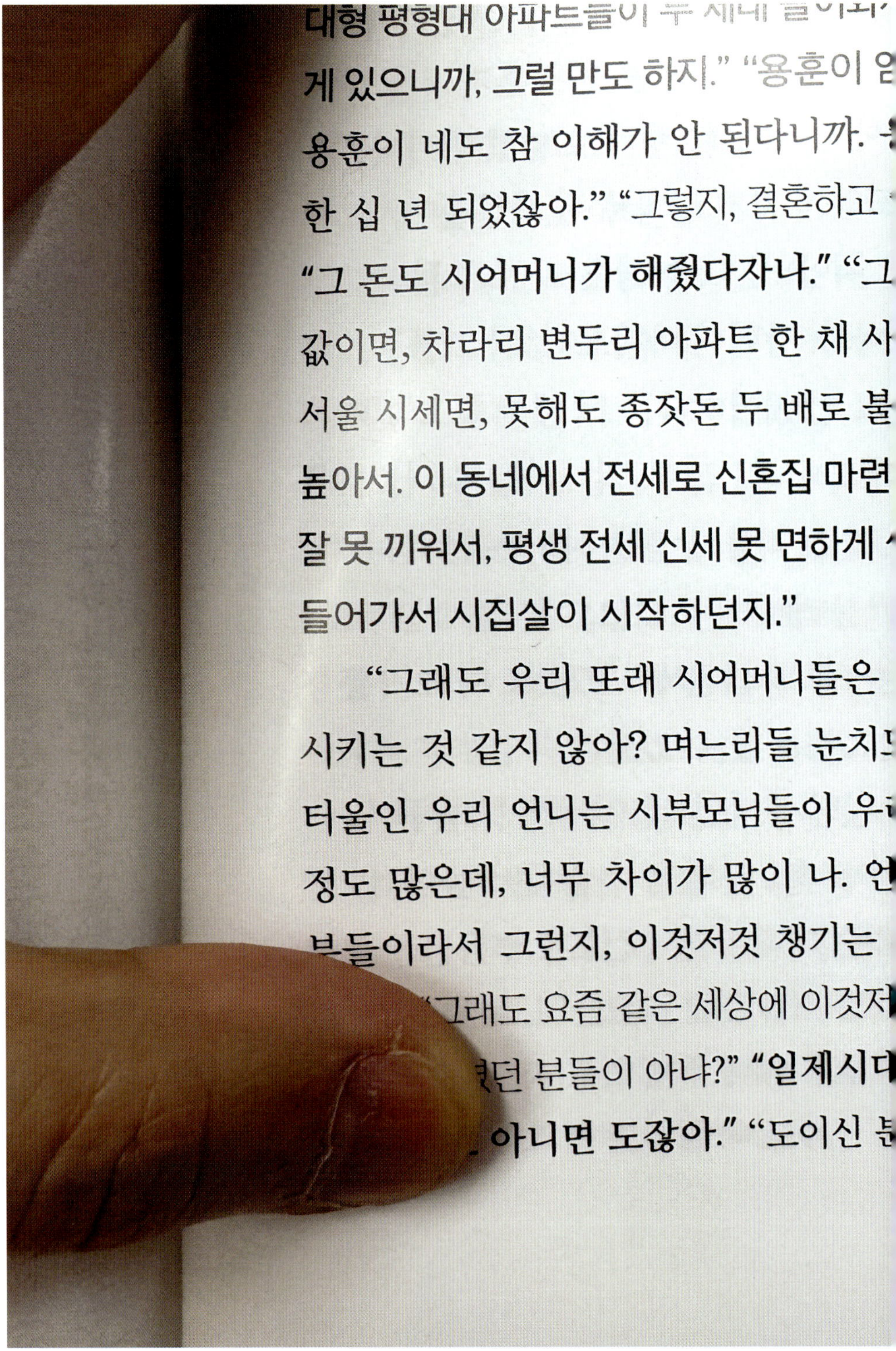

대형 평형대 아파트들이 두 세네 ⬚⬚⬚
게 있으니까, 그럴 만도 하지." "용훈이 엄
용훈이 네도 참 이해가 안 된다니까.
한 십 년 되었잖아." "그렇지, 결혼하고
"그 돈도 시어머니가 해줬다자나." "그
값이면, 차라리 변두리 아파트 한 채 사
서울 시세면, 못해도 종잣돈 두 배로 불
높아서. 이 동네에서 전세로 신혼집 마련
잘 못 끼워서, 평생 전세 신세 못 면하게
들어가서 시집살이 시작하던지."

"그래도 우리 또래 시어머니들은
시키는 것 같지 않아? 며느리들 눈치
터울인 우리 언니는 시부모님들이 우
정도 많은데, 너무 차이가 많이 나. 언
부들이라서 그런지, 이것저것 챙기는
"그래도 요즘 같은 세상에 이것저
⬚던 분들이 아냐?" "일제시대
⬚ 아니면 도잖아." "도이신

허걱, 했겠네." "그런데
엄마도 여기 산 지
기 전세로 살았으니까."
 말이야. 여기 전세
로 들어갔어야지. 지금
라구." "그렇지, 눈만
양인데, 결국 첫 단추를
" "호호호. 뒤늦게 용인

다는 시집살이 덜
시고. 나랑 다섯 살
모님들보다 열 살
부모님들은 옛날
고 요구하시는 것도
실 정도면, 옛날에 다들
어나신 분들일 텐데,
 평생 며느리 눈칫밥

이⬛︎⬛︎ 기억이 나지 않아요. 그래도 믿어주세요. 저는 소⬛︎
에 살고 있습니다. 요석이요.

나는 그 인간을 따라 산에 올라갔다. 그 인간이 듣는 소리⬛︎
것을 나도 들을 수 있을 것만 같았다. 그래서 인내심을 가지⬛︎
좀 더 믿음을 가져 보기로 했다. 그 인간도 나와 같이 누군가⬛︎
손에 이끌려 산에 왔다고 했다.

학교를 마치고 집으로 가기 위해 지하철로 향하고 있었⬛︎
지하철 출입구를 바라보고 걷고 있는데 낯선 여자가 내 팔⬛︎
잡고 쳐다봤어요. 처음엔 가려던 길을 가려 했지만 그 시선⬛︎
피하기는 어려웠어요.

조상님을 만나야 합니다.
늦었어요.
시간이 없습니⬛︎

다시 한번 지하철 출입구를 쳐다보았는데 나는 이미 그 여자⬛︎
따라 어느 골목길에 접어들고 있었어요. 대문이 열리고 다음에⬛︎
방문이 열리고 다음에는 제가 윗저고리 고름을 매고 있었어요.

치마는 어디 있나요?
이것이면 충분합니다. 시간이 없습니다.

그렇게 저고리만 입은 채 절을 올렸습니다. 그런데 아무래⬛︎
나는 내 조상님께 절을 올린 게 아닌 것 같아요. 그날 이후 낯⬛︎

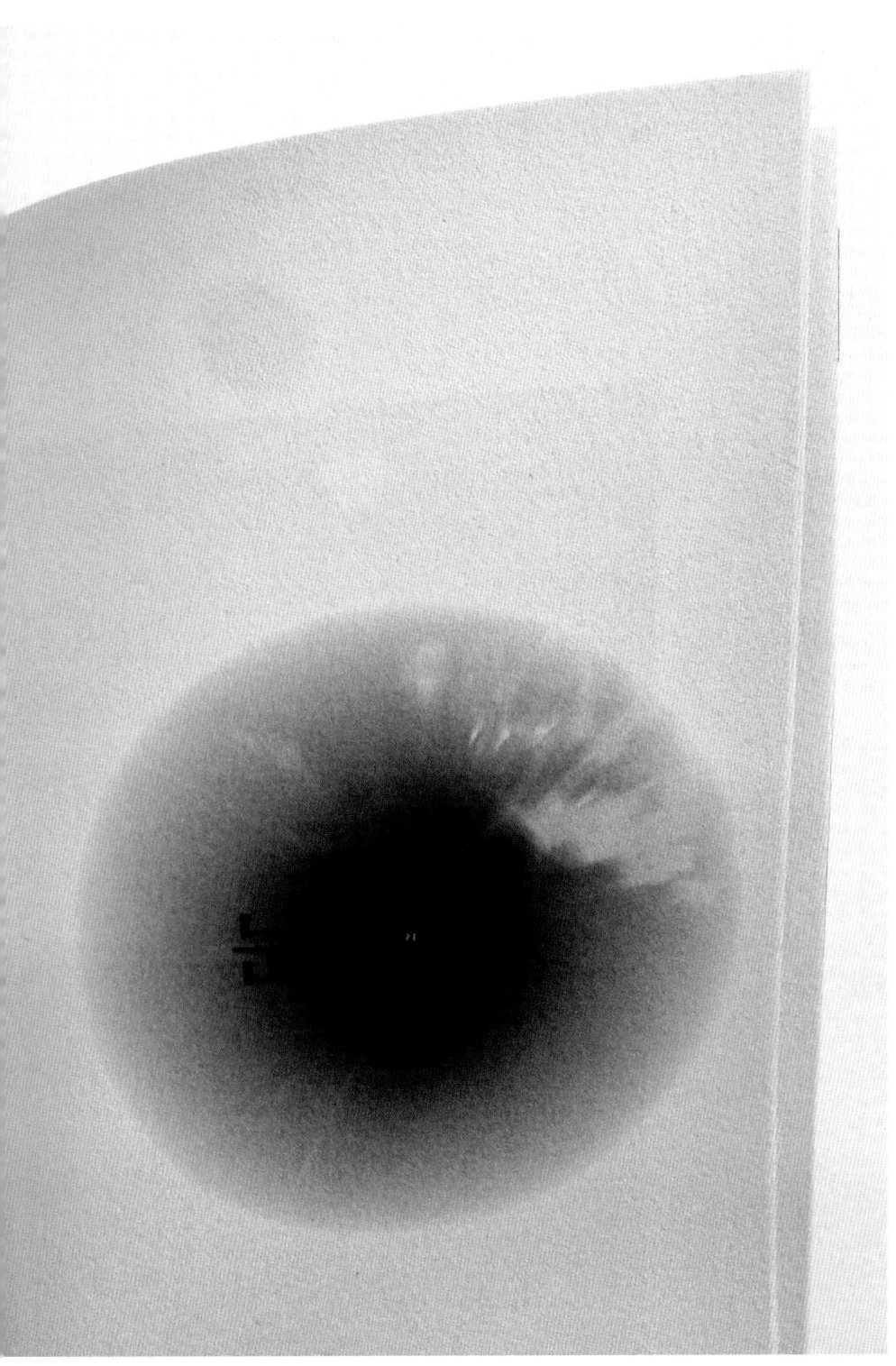

에리가 찾아옵니다.

핀다. 누군가는 이 속에서 잠이 옵니다. 인간이 그렇듯이 나무도 푹 쉬어야

우리는 계절을 돌고 돌아 만납니다.

하루 한 게 걸 고등이 들릅니다.

두 동공이 곧 충혈됩니다.

아옵니다.

끌   호   제기

그 순간의 그림자에서 장면 박물

뼈

사랑하지요. 다시 돌아 그리움
다. 온몸에 물이 얼었습니다.
고 했지만 자도 그렇지 않기
10월 28일 아무도 돌아가지 못
아직까지만 이상에요

에리가 얼룩니다. 에리가 얼룩

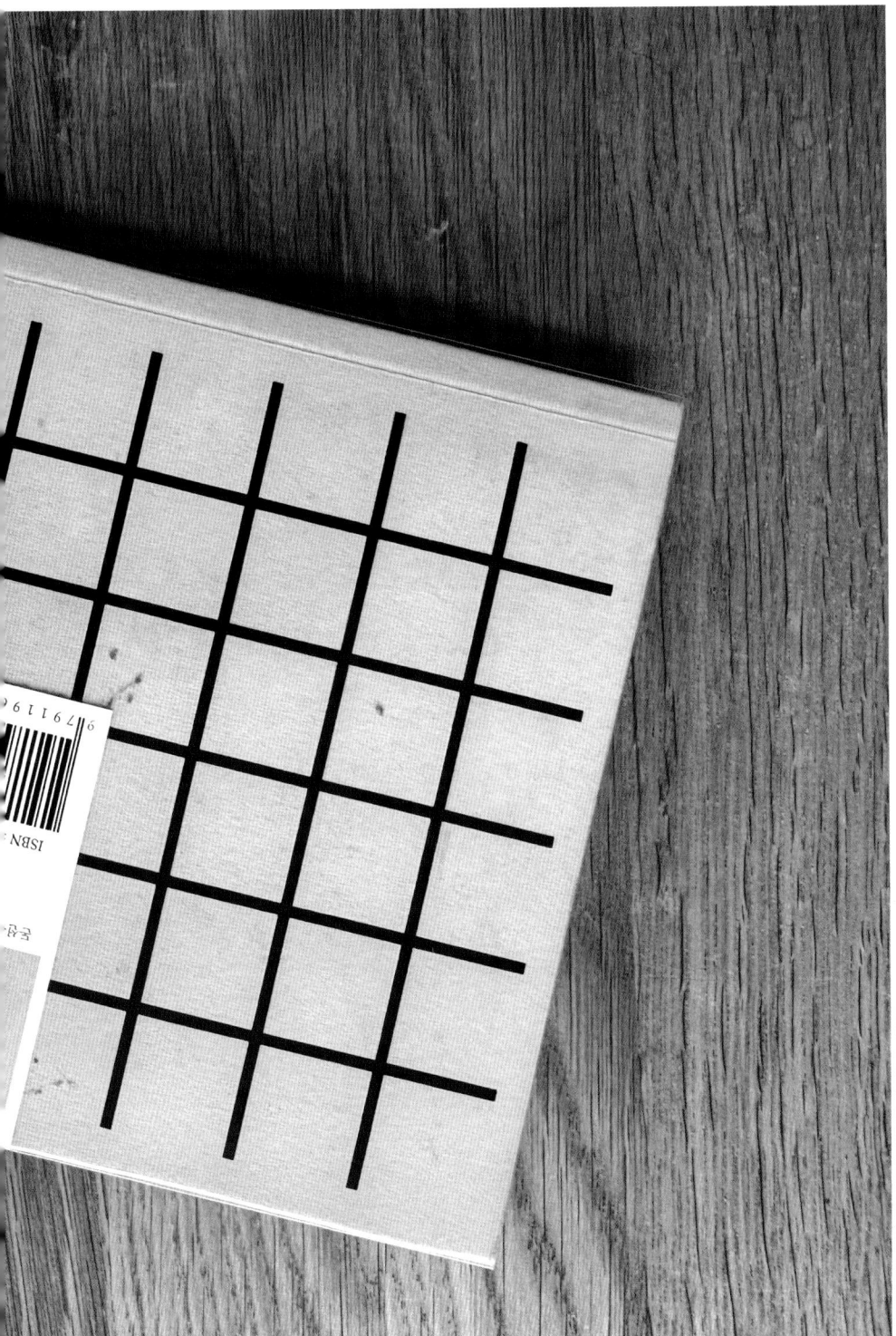

11 (27)	11 (24)	11 (23)	11 (22)	11 (21)	11 (20)	11 (17)	31 11 1 2 3 6 7 8 9 10 13 14 15 16	10 (11)	10 (10)	10 (6 9)		

PHILLIP BERNSTEIN (w. Jim Apicello)

POST-PRO STUDIO
Joel Sanders (w. Leslie Gill, Mike Jacobs)

COMPUTATION ANALYSIS FABRICATION
Amir Karimpour

ISSUES IN ARCH. AND URBANISM
Surry Schlabs

ADVANCED STUDIO
Frank Gehry (w. Tiantie Davies), Peter Eisenman
(w. Elisa Iturbe), Elia Zenghelis (w. Andrew
Benner), Emre Arolat and Gonca Paşolar
(w. Kyle Dugdale), Janet Marie Smith and
Alan Plattus (w. Kyle Dugdale), Peggy Deamer,
Scott Ruff

DRAWING AND ARCHITECTURAL FORM
Victor Agran

THE CHAIR
Tim Newton

COMPOSITION
Peter de Bretteville

THEORY THROUGH OBJECTS
Mark Foster Gage

CUSTOM CRAFTED COMPONENTS
Kevin Rotheroe

RENDERED
Brennan Buck

ARCHITECTURAL WRITING
Cynthia Zarin

AUTOBIOGRAPHICAL HOUSE
Kurt Forster

CONTENTS

SUMMER 2017

Q+A
Editor
Seth

FALL 2017

VIZ I: HISTORY/THEORY
Kyle Dugdale

VIZ I
Tiatrie Davies, Miroslava Brooks

Kelse

FIRST YEAR DESIGN STUDIO
Joyce Hsiang, Eeva-Liisa Pelkonen, David Moon,
Mike Szivos, Biennan Buck, Amina Blacksher

Deira
Roch
Matt
Jong

URBAN RESEARCH AND REPRESENTATION
Elihu Rubin

HISTORY OF WESTERN EUROPE LANDSCAPE ARCHITECTURE
Bryan Fuermann

Denis

VIZ II
Sunil Bald, Michelle Foinabai

May

FORMAL ANALYSIS
Peter Eisenman (w. Elisa Irurbe)

Limy

SECOND YEAR DESIGN STUDIO
Emily Abruzzo, Peter de Bretteville,
Martin Finio, Mark Foster Gage, Aniket Shahane

Orli
Ben
Yipen
Nich

ENVIRONMENTAL DESIGN
Eero Puurunen

Jacob

INTRO TO PLANNING AND DEVELOPMENT
Alexander Garvin

Anan
Alex
Kolax

age,
hat
ness
so,
al forums within the
rm provides a space
tions and personal

PHD DIALOGUES
April 26, 2018, 5 PM

Where Do You Stop?
A Critical Inquiry
into Style, Geometry,
and Parametricism
in History
Skender Luarasi

Skender is a PhD candidate at the Yale School of Architecture.

Paprika 18:
SHITTY ARCHITECTURE MEN"

i Hakanoglu, Jacqueline Hall, Matthew Wagstaffe
Simone Cutri, Micah Barrett
Nicholas Miller, Matthew Wagstaffe, Ethan Zisson
acinth, Nadeen Safa
I 26, 2018

bulletin was
lletin included selected
) students regarding
list, issues of sexual
school and in the field
esponses were received:
t from students. Only
ted, but the entirety of
lepaprika.com.

ult

e

al

ak
e uit lijfje met aangerimpelde wijde rok, open aan de voorz
ven, mouwkappen (bragoenen) en kraag. Bruikleen Provinc

d

/ Nieuwe tijd / 17e eeuw / 17e eeuw, eerste helft

gte incl. kraag); 150 cm (hoogte vanaf schouder); 148 cm (bre

Objectgenres / archeologische objecten

ijf / in stad en dorp / garderobe en accessoires / garderobe

Waddenzee / Marsdiep en geulenstelsel / Reede van Texel

plaats : Burgzand Noord 17; "Palmhoutwrak"

S-07726

p://collectie.huisvanhilde.nl/?query=Records/relatedid=[Object579

"다른 시점의 다른 물건들, 그들이
사용과 어떤 시간이 연결된다는 게 놀라워요."

Such as, simple
and colorful stickers, candy wrapping papers.

100 〈확대하기 01: A0 포스터 연작〉 / 포스터 / Poster 841 × 1,189 mm (poster) 개인 프로젝트 / Self-initiated project
Blow Up 01: A0 Poster Series 디지털 프린트 / Digital print 60 × 60 mm (orginal archive)

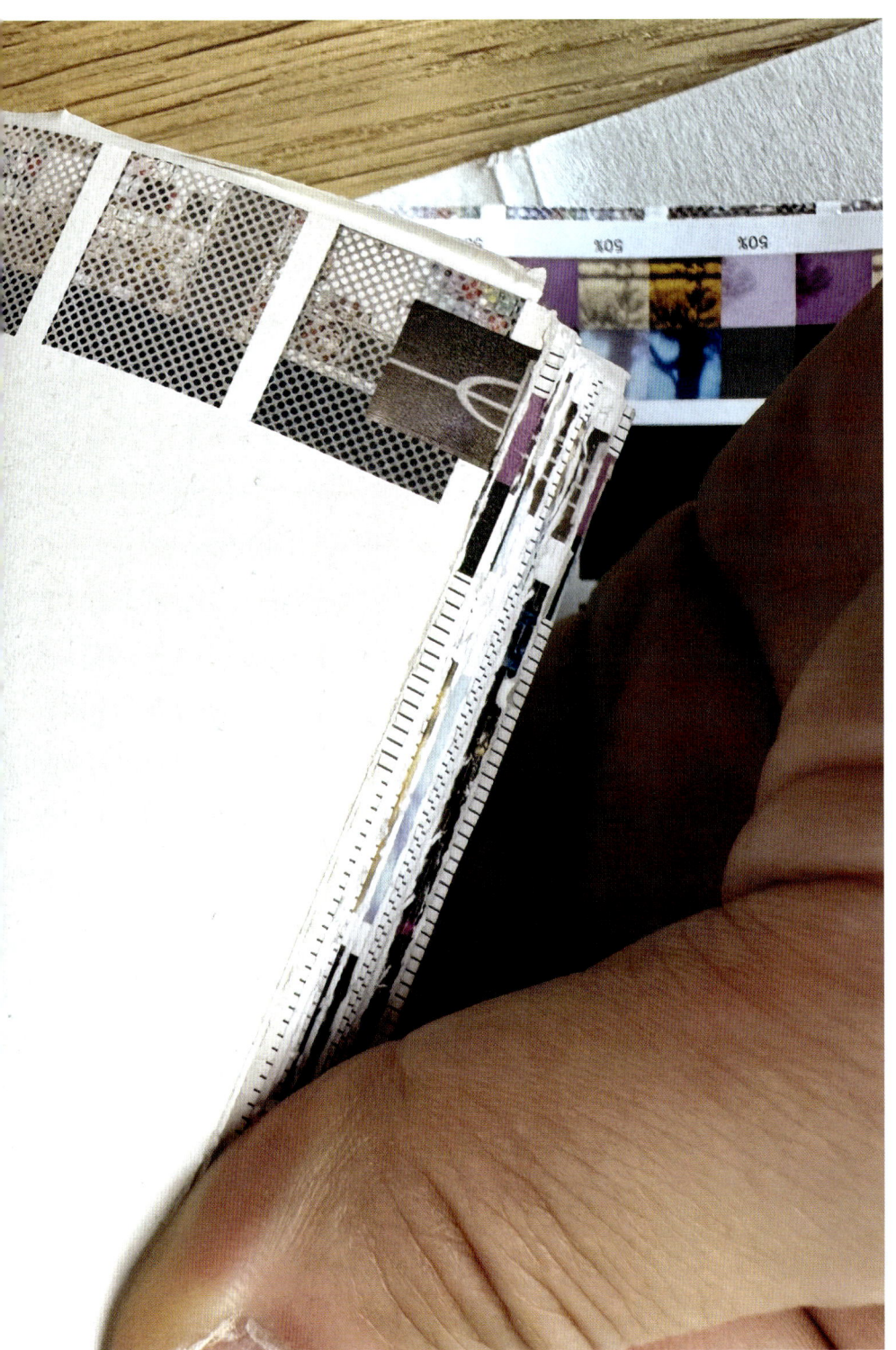

이름값

(例順 Reading), 2025

김애란 장편소설 『신 이삭』(開疏 Reading, 2025)

日本のデザイン・ア・ブック Book Reading 2023

01 心に残り言葉 CATCHWORD

A BOOK MOVES FORWARD
—BOOK, TIME, SPACE

This is an excerpt from the Jikji, a Buddhist text printed during the Goryeo dynasty in the 14th century. It's the very book that Korea claims as the world's first printed work using metal movable-type. I still vividly remember my history teacher in middle and high school—dressed in a modernized hanbok, wielding a danso like a pointer—passionately declaring, 'Our people invented movable metal type before Gutenberg!'

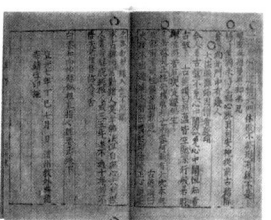

Image courtesy of Wikipedia

But even back then, I couldn't help but wonder: *If Korea had such advanced metal movable type, why didn't that technology continue into the present day?* In trying to answer that question, I read and studied accounts related to Gutenberg's 42-line Bible, and I began to understand the historical context. In the Goryeo dynasty—and likely in most early uses of metal type—books were produced by royal courts or religious institutions, intended for a very limited ruling class. In other words, books at that time were not a medium for the general public. Gutenberg, on the other hand, used printing to disseminate the word of God—knowledge pre-

NOTE: This book is based on Shin Shin's talk "Making Radical Paperbacks, or Radicalizing the Paperback," held at The Book Society on Jahamun-ro on November 13, 2024, and further developed through a conversation at Shin Shin's office on Saemunan-ro on February 7, 2025. The discussion was conducted by Kyungyong Lim of Mediabus, and Shin Haeok and Shin Donghyeok of Shin Shin.

viously monopolized by the few—to a much broader audience. This shift led to a profound change in the structure of power. Of course, books were still printed on parchment at the time, making them prohibitively expensive. But the very act of replication and distribution itself must have felt threatening to those in power. From this perspective, I believe there were two key historical turning points. The first was the invention of metal movable type, which dramatically accelerated the speed of printing. The second was the transformation in binding and production methods—when books began to be made more economically and efficiently. Thanks to these changes, the threshold for accessing knowledge and information was significantly lowered for people like me. Knowledge that had once been tucked away inside ornate and expensive volumes accessible only to the elite could now be found in cheap, widely available forms—like the paperback. In the end, I see these two shifts not just as milestones in printing history, but as pivotal moments when humanity gained more direct access to knowledge.

Image courtesy of Wikipedia

If you look closely at a paperback, you'll notice that its binding method is quite unique. It uses a technique known as "hot melt," where a strong adhesive is heated and applied to the spine to bind the pages before it cools and solidifies. Books made using this method often resemble the affordable trade paperbacks we're familiar with today—they make a crisp snapping sound when opened, and their corners tend to wear down easily.

Image courtesy of Wikipedia

The rise of the paperback owes much to the British publisher Penguin Books. With the growth of the middle class and the decline of the aristocracy, literacy rates increased and more people gained access to printed texts. A desire emerged: "I want to read that novel," or "I want to understand that kind of knowledge." Penguin Books was quick to recognize this shift and responded with one of the most commercially successful strategies in publishing history. Before then, books and literary works were considered closer to refined, handcrafted objects—far from the standardized, lightweight paperbacks we know today. But thanks to the emergence of this format, we now live in a time when books are more accessible than ever. I believe this shift played a major role in the spread of reading culture.

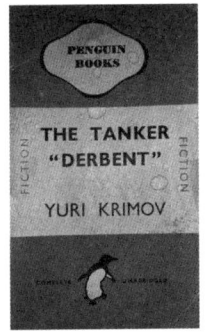

Image courtesy of Wikipedia

One of the most frequently cited and advanced examples of the paperback format is *Ways of Seeing* by John Berger. This book can be seen as the product of a collaboration between three key figures: British graphic designer Richard Hollis, intellectual and theorist John Berger, and the BBC, the United Kingdom's public broadcaster. The structure of the book departs somewhat from the conventional flow of reading, largely because it was conceived in tandem with a television program. In the book, Berger explores various ways in which people perceive phenomena or visual objects, and in the TV program he narrated those same ideas for a wider audience. So how might the structure of a visual medium be appropriately reflected in a book's layout? There's no single answer, but Richard Hollis offered one through his own approach. The radical decision to begin the body text directly on the cover is followed by the central alignment of images on each page, laid out in a way that mirrors the flow of a screen—top to bottom, left to right. The accompanying text (which was also used as narration for a TV program) is organized with clear paragraph breaks and aligned along a consistent axis, creating a sense of coherent flow. In addition, the captions are rotated in orientation, making it immediately clear that they function differently from the linear text. One of the book's most distinctive typographic features is the unusually bold typeface used in the body text. Whereas standard body text is typically set in thinner serif fonts for readability, *Ways of Seeing* uses a weight close to bold or even black, leaving a strong visual impression on the reader. Today, the book continues to be published by Penguin Books with a newly designed cover but almost the exact same interior layout. It stands as a case where the book functions not just as a standalone object but as a medium that connects across multiple platforms.

Books today rarely exist in isolation. They now function increasingly as media conduits—linked to social media, operating alongside YouTube channels, or connected to offline events like book fairs. Whereas books once mediated a one-to-one relationship between reader and author, they now operate more like hyperlinks, extending organically into other forms. In our own work, we don't focus on making flashy or overtly experimental books. Instead, we start from formats familiar to readers and look for subtle ways to update and extend them into other media. We find the greatest satisfaction in navigating the balance between accessibility, economy, and practicality.

Image courtesy of Wikipedia

ABOUT PAPERBACKS

Shin Donghyeok (SD): While talking with Haeok about paperback books, I realized that most of the books we've made are either paperbacks or some variation of them. Looking back, I think we've naturally taken the paperback format as our standard when making books. There are several reasons for that, but one of the biggest is budget constraints. Most of our publishing projects operate within limited budgets, so the affordability of the paperback format is a major factor. At the same time, the paperback has a kind of formal completeness—it allows us to effectively convey our intentions by simply updating or reinterpreting the existing structure, rather than having to invent something entirely new. That's why, even in the process of coming up with ideas and looking at references, we end up using the paperback format as a baseline, and then develop our direction from there. Of course, the specific process varies with each project. You constantly have to adjust things depending on the client relationship, the intent, the taste—and in the end, that results in different outcomes every time.

Kyungyong Lim (KL): First of all, I'd like to hear what each of you think about the paperback format.

Shin Haeok (SH): We don't make mock-up books every time we create a book—only when necessary. Thinking back to when I used to work at a design company, things were quite different from now. Back then, communication with clients wasn't as close or iterative as it is now. Typically, a company would provide the budget and give us a vague, abstract request to make a certain kind of book. To help clarify that request and communicate more easily, we would make mock-ups. It was a way to gradually shape the form of the book by adjusting size, texture, and so on.

Creating a mock-up[1] allows you to imagine what the book should look and feel like—it starts to function almost like a prototype. In that sense, I think it's quite similar to the paperback. What matters most to us when we make books is how they're perceived and read by readers, and mock-ups help bring those considerations into focus. I think that's why we've come to regard the paperback as a sort of fundamental form or prototype of the book.

KL: So you're saying the paperback, while being a complete form in itself, is conceptually similar to the mock-up, which functions like a prototype.

SH: Even when we're making a hardcover book, I think it's important to physically hold it, to see whether the size feels right and whether the material format fits the content. That's usually done through mock-ups. We often start with a very simple notebook-style mock-up, and later commission printed documents to produce a more precise version. But even before that, the mock-up is a crucial process for sensing the prototype of the book. It's similar to architec-

---

[1] A mock-up refers to a prototype made to review the format of a book before it goes into actual production. Interestingly, nowadays many people use the term to refer to Photoshop files that make a design look like a real book. In this context, however, it specifically refers to a physical dummy created to get a tangible sense of the final book.

tural modeling—we fold and assemble paper, and only after checking whether the form suits the content or idea can we move on to the next step. For us, the mock-up isn't just a sample; it's a tool for exploring the essential form of the book. And this process, I feel, is closely connected to the paperback format.

SD: And the paperback is also the most familiar form of a book to us. That familiarity actually makes it a strong platform for experimentation—when you try something new within this familiar structure, the idea or concept can stand out more clearly. Just think of how many conceptual artists' books are done in modest paperback form.

SH: With hardcover or elaborately produced books, the first thing you notice is often the exterior. Sometimes, you look at a book and immediately think, "Wow, this is really well made," or "This must have cost quite a bit to produce." In contrast, paperback books feel more directly connected to their content. Like I mentioned earlier about mock-ups, I think the paperback plays a kind of "core" role—it helps the reader focus on the content rather than the physical form. It might be a bit of a leap, but I'd say it's a format that allows readers to empathize more easily with a book. A good example here would be Sol LeWitt's artist books, which we love. Almost all of them were made as paperbacks, because in his work, the concept was more important than the format. Even in a simple paper form, the concept he wanted to convey came through clearly—and especially in books like *The Location of Lines*, where sequence is key, minimizing formal elements made the work more effective. If that book had been a hardcover, readers might have focused more on its design or aesthetic rather than on the concept or content.

SD: When we think seriously about books, we're often reminded that a book is essentially a "container" that carries something. But when that container becomes overly ornate or high-spec, it can actually dilute the content rather than enhancing it. Of course, it's not a rule that applies to everything, but in the case of the content we usually work with, the simpler and more pared-down the form, the more clearly the ideas come through. That's why we increasingly gravitate toward simpler formats. I think when a book takes on a form that's so natural it's almost unnoticeable—like a paperback—the content stands out more. That kind of invisibility might even leave a deeper impression on the reader.

KL: That feels like a pretty paradoxical statement—especially considering that a lot of people have this preconceived notion about Shin Shin, that you're the kind of studio that makes high-budget, experimental, and unusual books.

SD: You're right. We do often get requests like, "Make us something unique," or "We want something with experimental design." But in reality, the forms of the books we make are often quite ordinary. It's just that the materials we use, or the way we combine them, might feel a bit unfamiliar. So when people read or look at the books, they end up receiving the content in a new way—which may be why those assumptions and preconceptions have formed. For us, it's not about experimenting for the sake of experimentation. What's more important is creating a kind of space in the book that allows readers to naturally think in new ways as they read. That's why our books rarely deviate from standard shelf sizes or become overly heavy or difficult to store. We don't do a lot of excessive post-processing either. Early on, we did work with more elaborate specs, but over time, we've tried to pare that down. I think that shift reflects a deeper concern with how books are actually read.

False Starwort
2018, Hwawon, Designed by Shin Donghyeok

KL: I think it's a good time to talk about *False Starwort*. It was the first book published by Hwawon, and also the result of an exhibition that Haeok convened—with Donghyeok designing it. I remember being surprised by how modest the book turned out. It was much simpler than I had expected. To me, it was a textbook example of a paperback.

> SD: *False Starwort* was a book Haeok commissioned me to design, in the role of a client. She had several specific requests: she wanted it to be white, to open smoothly, and for the text to be printed in a rich, deep tone. She also asked for the design to feel classic rather than flashy—something she wouldn't get tired of even years down the line. Based on these requests, I referred to the structure of her thesis that was written in English, analyzed how typography and images were handled, and began the design process by trying to find the most fitting layout for presenting Korean and

English side by side. This book was the result of it. We've long been thinking about what form a book should take, and this one came close to our answer. We wanted to try something that felt both ordinary and special—something that might provoke curiosity in people. And this project gave us a rare chance to experiment freely and thoughtfully, exactly the way we wanted.

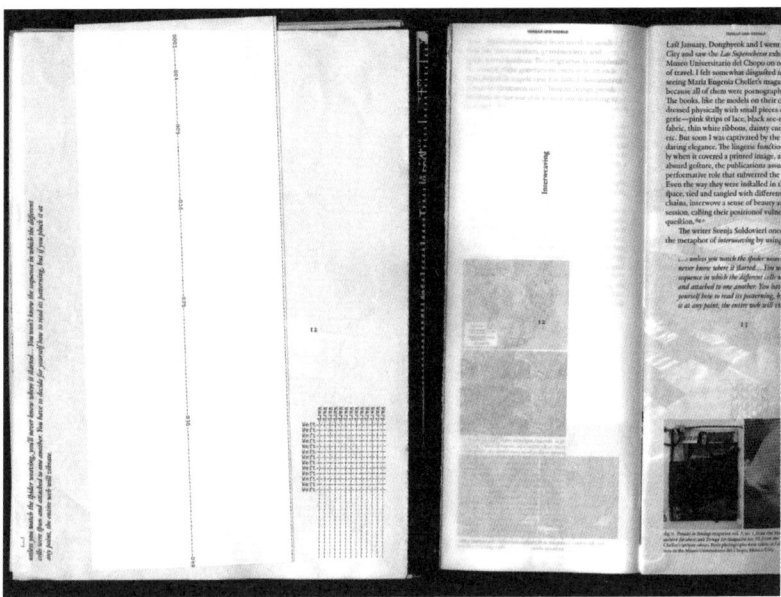

Shin Haeok's Yale School of Art Graphic Design (MFA) thesis *Unbreading, Seamless Stitching, and Interweaving* (2019)

KL: So it turned out just the way you intended.

SH: Yes, I think the book ended up being very close to what I had imagined. You can read from the preface, about the origin of the word "anthology"[2]—which actually comes from the Greek for "gathering flowers." It began with Greek

---

2 An anthology refers to a book or collection of works or writings—often by different authors—assembled around a shared theme or aesthetic.

philosophers compiling writings they liked into blank notebooks, and that idea evolved into the form of the anthology. In the end, it's about bringing together scattered pieces under a single theme. That's why we named this series Gathering Flowers, and I wanted this book to feel like a kind of notebook. I think the final result really captures that feeling. So I didn't think it needed to be flashy. I thought about what kind of notebook I myself would want to own, and asked Donghyeok for it.

The other book we made alongside *False Starwort* was shown in the exhibition, and it had a format much closer to a work of art. It was actually used by a performer during the show, and was exhibited in the gallery as an artwork. That book was designed with the reader's gestures and physical movement in mind—each page was structured according to how the body would interact with it. Some pages open in unexpected ways; the reader might wear the book on their head, or read through cut-out holes to the other side of the page. If *False Starwort* is a kind of notebook in the form of a paperback, the other book functions more as a tool for performance.

SD: There's a short film[3] I once saw by the British designer John Morgan, about the making of a prayer book called *Common Worship*. It humorously documents the process, and there's a scene where the client—who happens to be a group of priests—doesn't focus on the design itself. Instead, they test the durability of the mock-up by throwing it, tearing it, and dripping candle wax on it. It's funny but also telling—it shows how the values that matter most can

---

3   It is a 2 minute and 30 second short film titled *Blank Dummy*, created by Michael Harvey and John Morgan in 2011. The video can be viewed at the following link. <https://www.youtube.com/watch?v=wHHeM-t8Z4U>

shift dramatically depending on the character and purpose of the book, and how those values can shape both the design and the production method. Experiences like that have taught us a lot, too. They make us reflect more seriously on which functions or kinds of usability should take priority when we make books.

Image courtesy of John Morgan Studio's website (<morganstudio.co.uk>)

KL: Exactly. *False Starwort* is actually incredibly durable. But something I was curious about: over time, it started to look a bit faded—and the images in the book were printed in a similarly muted tone that blends really well with the paper color. Was that intentional?

> SD: Yes, the plates in the book were printed using spot color, and the Pantone shade we used was similar to the hue of aged paper. We thought it would be interesting if the book, as it grows old, begins to take on that tone more and more. We often say that we want to make books that become more beautiful as they age. Some books are at their most pristine the moment you first unwrap them—like a new electronic device. But others become more beautiful over time, as they wear in with use. We hoped this book would fall into that latter category. We believe that kind of transformation can become part of a book's charm.

> SH: That reminds me of something in the preface of this book. A while ago, I borrowed some really old notebooks from the library—called *commonplace books*, the early forms of anthologies. They were so old that the pages crumbled like dried leaves. I had to wear gloves and turn the pages very carefully. These books captured the tastes and interests of people from their time, and I hoped *False Starwort* could be a book that retains the traces of its time even as years go by. From that perspective, durability was a key factor for me as well.

KL: In that case, shall we move on to books that are intentionally made to look faded from the start?

Diary of a Cinema Pirate
Mediabus, 2024, Han Minsu

SD: *Diary of a Cinema Pirate* was heavily inspired by the bootleg comic books I used to buy at stationery stores as a kid. Back then, copy shops near universities would illegally reproduce and sell textbooks for students. That kind of culture has mostly disappeared now, but at the time, those books looked and felt like real ones—they had decent printed covers, proper binding, and were sold at really low prices. Those experiences stuck with us, so we wanted to borrow various elements from bootleg books. It's the kind of thing most formally trained designers try to avoid—but since this book was about piracy, we thought, why not incorporate some of those aesthetics into the book itself? It sold quite well, and we quickly went into second and third printings. That's when we got the idea to apply a kind of visual fading effect, inspired by garment dying and washed-out T-shirts—to make the book look more worn out with each new edition. We also made subtle changes to the barcode position on each cover. Personally, I think that even if the content remains the same, each new printing becomes a different book. I wanted that idea to be reflected on the cover too.

KL: The content is great, of course, but the design and production are also really engaging. To be honest, general readers often don't respond well to Mediabus books in terms of design—they find them unfamiliar, I think. Especially, readers from the film world tend to have quite a conservative approach when it comes to books. But despite the fact that this book uses a pretty radical design perspective, readers seemed to accept it quite well.

>SD: Yeah, I'm not entirely sure why that is, but I did intentionally design it with a classical layout. I used familiar typefaces and aligned the text block to both margins. I also gave it more generous margins than we typically do. The idea was to present a design and paperback format that would feel familiar to readers who are used to reading a lot. But at the same time, I included things like slightly blurry text and images with raw resolution—those kinds of elements were left as-is, to give the book a distinct edge. I hoped this approach would offer readers a new experience, while still keeping them comfortable.

>SH: What I find interesting is that we can never really predict how readers will respond to a design, no matter what our intentions were. For instance, one reader said this book felt like it hadn't been designed at all, while another said it looked like an amateur had put it together using Hangul Word Processor. These kinds of reactions are fascinating because they're so different from what we intended—and they show how design can generate a wide range of interpretations. Every reader comes with different experiences and backgrounds, so the same work can be read in totally different ways. I think that really reveals both the complexity and the charm of design.

>SD: I take that as high praise. *(laughs)*

KL: So, are there any other books you'd link to the idea of amateurism?

Minmay Attack: Re-Re-Cast
AVP, 2016, edited by Don Sunpil

SH: This book was commissioned by artist Don Sunpil in 2016, and it connects closely to the idea of amateurism. Its overall format resembles the weekly comic magazines we used to read as kids, but you could also consider it a kind of anthology. Back in the day, there were many such magazines—*Shonen Champ*, *Treasure Island*, and so on. These were anthologies in the sense that each issue contained parts of several different comics, serialized and updated on a monthly basis. When we were working on *Minmay Attack*, Donghyeok and I talked about how the book was essentially about "degradation and duplication." So we decided to treat the writers' contributions as if they were torn from existing books—fragments gathered and bound together. That's why each essay in the book has different typesetting and design. We didn't want this book to be finalized in a unified format. We wanted to highlight each contributor's voice and reveal the subtle differences in values they loosely share. So we deliberately borrowed the look and feel of low-grade comic magazines in the design.

SD: When I was a kid, I used to go to comic book rental shops all the time, and back then, every comic was a paperback—cheap paper, perfect binding, black ink printing. But sometimes, you'd find copies where someone had torn out an important scene. Other times, there'd be splashes of ramen broth on a page, or traces of something a reader had pasted into the book. In those moments, I realized that a cheap, mass-printed book made with rough paper and smeared ink could suddenly become something special. Those signs of interaction with readers transformed an otherwise ordinary object into something unique—something with a personal story. For me, those were important moments when I learned how even the most generic books could hold unexpected value.

Also, Don Sunpil, the artist who convened this book, has been consistently working with the culture of figurines, especially around the ideas of replication and the inevitable degradation that comes with it. One thing he wanted to bring into this book was the idea of editioning, which is also common in the figurine world—even mass-produced objects are sometimes numbered and released in limited runs. So although the body of the book was printed as a 395-copy mass edition using perfect binding, each copy was wrapped in a uniquely designed dust jacket—395 jackets for 395 books, each with its own serial number. In this way, we hoped to convey to readers that every copy was also singular. This approach enriched the book's exploration of duplication and ownership.

Xsport on Paper:
Samplings of Publishing Practices from the Global South
Mediabus, 2024, Chang Wen-hsuan

SD: With *Minmay Attack*, we wanted to intuitively convey each contributor's distinct intention through the typography and layout of their texts. In contrast, for *Xsport on Paper: Samplings of Publishing Practices from the Global South*, the goal was to maintain a consistent structure while designing the book to look as if it hadn't been fully bound—visually suggesting that the research and inquiries it contains are still ongoing. When you open the cover, you find a map. But unlike a typical book, the cover hasn't been glued to the inner pages. The book exists in a kind of pre-binding state, and that's how the reader encounters it. This book documents the stories of people in the Global South who continue to engage in bold publishing practices despite difficult conditions, and we wanted to highlight those processes through the design. By keeping the map on a separate, unattached cover sheet, readers are encouraged to refer to it independently as they move through the content. We hoped this would offer a more layered and immersive reading experience.

SH: When finalizing production specs, we had to decide whether or not to bind the cover to the book block. Attaching it would make it feel like a regular book, but leaving it unbound reveals its provisional, pre-finished form. This book also omits the endpapers. Unlike typical softcover books, this one was stripped down to its core, exposing the content in a more direct, casual way. I think we wanted to emphasize the rawness of the material and allow readers to engage with the essence of the book more intimately. This approach not only brings the reader closer to the nature of the book itself, but also underscores the experimental, fluid aspects of the publishing process.

> *"In this exhibition, someone acts as a virtual conveyor while producing text to create a line."*
> AVP, 2014, edited by Hyun Seewon

SH: This project also came out of a close consideration of

the relationship between content and production method. It was something Donghyeok made at the request of Audio Visual Pavilion, and technically, it's not a book—it's just a single poster. But when you fold the poster and place it inside a PVC cover, it transforms into something that can be read page by page, like a book. So depending on whether or not the cover is attached, the piece can shift between being a book or remaining a simple poster. It has this unique form that allows for multiple modes of reading and presentation.

Image courtesy of AVP

SD: The exhibition *Homework* dealt with themes of domestic labor and small-scale craft. I heard that the Audio Visual Pavilion building used to be a small workshop for home-based manufacturing. The curator, Hyun Siwon, used that history as a motif to build the concept of the show. I remember printing barcodes on the home printer in the space, folding the posters, and combining them with PVC jackets—almost as a kind of performance within the exhibition. This process wasn't just about making a finished product. It was meaningful in that the entire act of production became something the audience could witness firsthand. By turning that production into a visible, shared event, we allowed people to directly engage with the cultural and historical context of the space.

Image courtesy of AVP

KL: What's interesting is that kids often have book-making classes in kindergarten. You know, folding an A4 sheet into a little 8-page book. And this book was folded in the same way. I think when we actually try making a book ourselves, we naturally start to think more deeply about what a book is. Most ordinary readers would never imagine making a book like the ones they see in bookstores. But when you cut and fold a big sheet of paper and try putting a book together, you start to understand the medium in a new way. You become more aware of elements like the front and back covers, the binding, the body of the text, and even the spine.

> SD: Even students in visual design programs often don't know how books are actually made. It starts with a large press sheet, which is folded and assembled to form a book. It's printed on both sides, then folded, and finally bound using thread, glue, or staples. After that, the pages are trimmed, and the book is complete. Once you see and experience this process for yourself, your understanding of a book's structure becomes much deeper. You begin to realize that design isn't just about visual communication—it's also about how the book's physical form and structure support its function and storytelling.

The New Art of Making Books
Mediabus, 2018, Ulises Carrión

KL: Speaking of the archetype of the book, there's a wonderful essay by Carrión called *The New Art of Making Books*. The book that includes this essay actually looks like an archetype of the book itself.

SD: Yes, this book really does resemble the archetypal form. It's not so different from a mock-up. The cover is intentionally left blank, and it includes two stickers, so the reader can complete the cover design themselves. We had to move very quickly on both design and production, so there are parts I wish we could've spent more time on—but looking back, I think the result holds up remarkably well. Especially the fact that the cover is left entirely up to the reader—that means a lot to us. ==We only marked the suggested positions for the stickers very faintly.== Readers might choose not to use them at all, or place both on one side, or even create an entirely new cover of their own. The book took shape through a kind of tug-of-war between the bare minimum conditions for a book to exist as a medium, and the demands of a book as a commodity.

KL: It's a shame that the book is out of print. I think the texts it contains speak so clearly to the essential qualities of what a book is. The opening line—"A book is a sequence of spaces"—contains so much within it. Earlier we talked about Sol LeWitt's artist books, and this one also invites us to reconsider the book's original form by embracing a simple, mock-up-like structure. It's a well-considered choice. Speaking of which, we're publishing a series called *The Book Society Series* at Mediabus, and two of you have been directing it. Would you like to say a few words about that?

SD: The Book Society Series began in 2017 with the Korean edition of Alessandro Ludovico's *Post-Digital Print*. As the series intro puts it—"We publish books that trace the remains of the book from its grave." It's an intentionally anachronistic gesture, meant to provoke new thinking about the book as a medium at a time when the publishing industry is in collapse.

Through this series, we've been constantly pushing to reexamine and update the conditions of the book. The logo design of the series consists of three Korean characters 책 (Chaek), 사 (Sa), 회 (Hyeo)—a direct translation of "The Book Society" in Korean—arranged 120 degrees apart, holding hands in a triangular form. We think of it as a kind of manifesto—it questions the hierarchy and sequencing of language, and invites a reconsideration of its structure. Based on this attitude, we've designed three books so far: *Post-Digital Print*, *The New Art of Making Books*, and *Xsport on Paper: Samplings of Publishing Practices from the Global South*.

The Electric Information Age Book Supplement 1
Mediabus, 2024, Quentin Fiore et al.

Conversations with Filmmakers
Mediabus, 2023, Jonas Mekas

KL: I think it'd be interesting to talk about "design translation" now. In a sense, all design can be considered a kind of translation. But if we limit the discussion to books—Shin Shin has worked on quite a few translated publications, right? A translated book is, of course, a translation of its content, but from a designer's perspective, there's also an original design, which makes the process of design as translation. Depending on the book, there are times when the contract for a translated edition includes conditions like maintaining the same look as its original design.

SD: When designing translated books, there are cases where the original design is compelling and closely tied to the content—enough that preserving it feels more appropriate. In such cases, we try to adapt the original design as harmoniously as possible to the Korean context. Rather than pushing our own approach, we treat the original edition as a well-considered result of many perspectives and aim to respect that intent. We focus on translating typographic rules and systems in a way that feels natural within the Korean language environment. In the case of *The Electric Information Age Book Supplement 1*, the agreement required that the original edition be included in the same volume. The Korean text comes first, followed by the English original. ==The structure physically layers the two books together, so we wanted the cover to reflect that property naturally as well.== There's a section toward the end of the book that includes scanned pages from Quentin Fiore's *The Future of the Book*. We had to think carefully about how to handle this part in the Korean edition in a way that would clearly convey the intent. We ended up referencing how Google Translate's image tool works—when you use it on a photo, it overlays the translation right on top of the original text. ==So we borrowed that approach: we took the original images and replaced only the text areas with Korean text boxes, covering them directly.==

We also tried to apply Korean typography that closely resembled the original, so that the reader could feel the atmosphere of the source text even when reading the translation. If we had wanted a smoother, more polished result, we could've retouched the images in Photoshop to make it look as if the pages had been originally laid out in Korean—but we didn't want to go that far. I think this approach helped preserve both the identity of the translated edition and the appeal of the original.

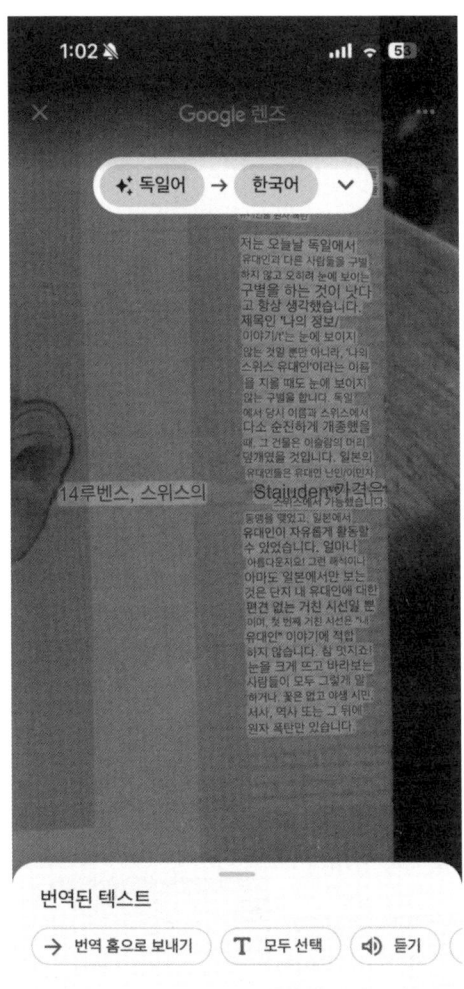

Google Translate's image tool

SH: *Conversations with Filmmakers* by Jonas Mekas is also a Korean translation of a book originally published by Spector Books. In this case as well, we tried to respect the original design as much as possible while adapting it to the Korean context. We felt it was important to preserve the format and design elements of the original, so we focused on harmonizing the Korean text naturally within that framework.

SD: The original used a condensed American wood-type-style font called Knockout. This kind of typeface was widely used in the U.S. during the 1960s and 1970s, especially for posters and newspaper headlines. Since the texts in the book were originally serialized in *The Village Voice*, I imagine the typeface was chosen to evoke a journalistic tone. A similar typeface also appears in posters for Andy Warhol's film screenings, which are included in the book as visual references. For the Korean edition, I wanted to use a typeface that was commonly used for headlines in Korea during that era. So I ended up choosing Gyeokdong Gothic—a font you'd often see in 1960s–1970s Korean election posters. It hadn't even been formally digitized back then, which I found interesting. For the English font to accompany it, I picked Plak, a German typeface by Paul Renner. While Knockout has soft, elegant curves, Plak has a much harder and more rigid feel. The two share similar qualities, but I felt Plak paired better with Gyeokdong Gothic. I made slight adjustments to the Gothic typeface so that when used alongside Plak, the combination wouldn't feel disjointed. Since it's impossible to fully replicate the nuance of the original in a design translation, we focused on adapting and bridging the Korean and English type systems in a way that suited the local context.

SH: I think it's worth bringing up *Xsport on Paper* again here, from the perspective of design translation. In this case, we completely reinterpreted the original design.

SD: Again, It was a translated book, but like Haeok said earlier about how she wanted *False Starwort* to feel like a notebook, I wanted this one to feel more like a travelogue. It was my first time encountering the concept of the "Global South," and the book compiled research conducted across South America and Southeast Asia—so a travel-book-like form felt appropriate. We kept the size similar to the original but made it lighter and more portable to emphasize mobility. I wanted it to have the feel of pulp fiction you might carry on a trip. Since reducing the trim size increases page count, we used exposed binding to maximize page spread and usability. In this case, preserving the form of the original made sense, but once it became a Korean edition, I felt it became an entirely different book. Sometimes, respecting the original is the right move. Other times, flipping the hierarchy between original and translation is more effective. Readers differ depending on the region, and since we understand Korean readers better, we adapt the design accordingly.

KL: Are there design tendencies that vary by local context? Haeok, you studied abroad and probably have many international friends. Have you noticed anything in particular?

SH: I recently attended a talk by Pianpian He[4] at The Book Society that really resonated with me. When we started design, we were heavily influenced by books and works from Western designers. That was natural—we learned design

---

4   Designer Pianpian He works between Canada and China, in collaboration with Max Harvey. (<Iinfoandupdates.com>)

largely through books made in the West. But through studying abroad and meeting people from different cultures, I came to understand and relate to the various considerations that go into book design across cultures. In Pianpian's talk, she spoke about the challenges of bilingual design with English and Chinese. The character count and spatial values differ greatly, so designers have to consider carefully how to place both languages on the same page. It was impressive to hear how those concerns also shaped the physical form of the book.

When I participated in the Bangkok Art Book Fair, I saw many Thai-language designs that clearly reflected the same kind of concerns. You realize that the structure of language fundamentally influences the spatial logic of book design—whether you integrate two languages on the same page or separate them entirely. Seeing those books lately has been a great source of new ideas. Experiencing the possibilities that arise from linguistic and cultural diversity has been truly inspiring in our own work.

SD: For example, when working on False Starwort, I personally handled the design of the Korean edition based on Hae-ok's English thesis. I wanted to develop a new grid system for combining English and Korean in one layout. Western typographic systems and layouts can accommodate both languages to an extent, but East Asian scripts are usually composed of full-width square characters, which naturally fall into a grid-like pattern. Since each character fits into a square, I began to think about how to design a grid system that could embrace both typographic orders. I created a vertical-horizontal modular grid, and by activating certain parts of the grid, I could introduce Roman typographic logic. Depending on how you activate the lines, the grid can form two or three columns, which makes it flexible enough to accommodate both languages.

You know how director Bong Joon Ho once said, "Once you overcome the one-inch-tall barrier of subtitles, you'll be introduced to so many more amazing films"? I think we grew up absorbing Western graphic design norms, but eventually ended up working in contexts that required something else. We've had to create typography based on the Korean language, or work with bilingual layouts, or even include Chinese and Japanese in our designs. These adaptations and variables aren't found in most textbooks—certainly not in Western-focused typography or design manuals. So we've had to develop our own systems, finding relevant references here and there, and accumulating strange little tricks and perspectives over more than a decade of practice. Especially when working with letters or layouts, our experience with multiple languages and visual systems continues to build.

SH: One of the books that Pianpian designed, features English when read from right to left, and vertically set Chinese when flipped from left to right. This kind of bidirectional design doesn't require matching the amount of content on a single page like bilingual layouts often do. That difference alone makes the book fascinating. Because the reading direction and flow differ for each language, the physical and visual qualities of the text come through more distinctly. I think this is a compelling example of using cultural and linguistic differences not just as limitations, but as a creative force that expands the possibilities of design.

SD: Exactly. Finding your own workaround or solution is a vital part of the design process. That might mean using a multilayered grid system or embracing the differences between scripts. The design decisions expand significantly depending on the language you're working with, so developing and evolving those choices strategically is crucial. Through that kind of critical thinking, you arrive at bold and experimental design methodologies, and that's what enables cross-cultural, multilingual work to happen.

KL: But for general readers—most of whom only read books set in Korean—I wonder if they're even aware of the differences between scripts. Art professionals might be more sensitive to it, since they're often working on books with English or other languages included. Do you think the script actually affects how we experience reading?

SD: Right after we graduated, we did an exhibition in 2010 that involved *Frankenstein* by Mary Shelley. Google Translate was still new at the time, so we tried an experiment. We typed out the entire Korean edition of Frankenstein, then translated it into English, then into Dutch, then Japanese, and on and on through multiple languages—before finally converting it back into Korean. We compiled each version into its own volume and created a complete set. It was fascinating to see how each language distorted and mistranslated the text in different ways. Since no translation tools existed for layout back then, we had to standardize one font and typeset every volume with it. That's when we discovered that page count varied far more dramatically than we expected depending on the language. Each book turned out to be a completely different length. That process really deepened our understanding of how the structure of a language influences the physical conditions of a book.

SH: I'm currently working on *Why I Swim* by the artist Yoe, and this book includes both Korean and English texts. Usually, because the length of text differs between the two languages, it's common to place images alongside the shorter text to help balance the page visually. But in the case of the text by Astrida Neimanis, the placement of images between paragraphs was already fixed, so we had to think carefully about the layout. In the end, we decided to place larger images within the shorter English version, and smaller images within the longer Korean version. By using the same images at different scales across facing pages, we were able to create a visual rhythm that responds to the differences between the two languages.

Exhibition view of *A4*

SD: I'm currently working on a book commissioned by Naver, about their new headquarters building, 1784. In this case, we adjusted the translations to make the Korean, English, and Japanese versions exactly the same length. Imagine three versions of the same book, each in a different language, standing side by side with identical thickness. This creates a kind of triplet-like form—books that visually echo one another. It also creates a new kind of image for what this book is. Of course, one might say the cover image represents the book, but I don't think that's always the case.

KL: The cover image is becoming more and more important in the digital age. There's a distinction between the physical book and the image of the book that circulates online.

Self-organised
Mediabus, 2016, Stine Hebert, Anne Szefer Karlsen

SD: As mentioned in *Post-Digital Print*, I don't think books today can function purely as books anymore. Once a book is published, you inevitably have to rely on various platforms—online media, YouTube channels, and so on—for promotion. It becomes impossible not to engage with multiple channels at once. The same goes for preservation. Digital formats and physical books exist in a complementary relationship, but there's a fundamental difference between the two. One particularly important issue is how a printed book is represented online. In the case of *Self-Organised*, we used a reflective, mirror-like material for the cover. We tried to turn that feature into a kind of hack. When promoting a book online, people often use exaggerated mock-up images as thumbnails on bookstore sites. But since this book was about self-organization, I thought it would make more sense to show an image where the face of the viewer is reflected on the cover. So I actually composited my own face into the mock-up and submitted that as the official thumbnail. One reader told me they assumed the ghostly human figure they saw in the image was actually part of the design—only to be surprised when they got the physical book and realized it was mirrored foil.

Self-organised cover image

KL: We often think of books as containers for content, but in reality, they are physical objects—made of paper, occupying specific spatial dimensions. It seems that Shin Shin often highlights and even exaggerates that material quality, making it a central design element. Could you share an example of a project that explores the relationship between a book and space or time in that way?

SeMA Exhibition Archive 1988–2016:
Reading, Writing, Speaking
Co-published by SeMA/Mediabus, 2015, edited by Gahee Park

SH: I'd like to talk about the *SeMA Exhibition Archive 1988–2016: Reading, Writing, Speaking* project. Curator Gahee Park organized an exhibition at the Seoul Museum of Art to archive the institution's 30-year history of exhibitions. At our first meeting, the curator brought in a massive dataset compiled in a Google Sheet, printed out and connected into a long roll. She laid it out across the table, and it was so long we couldn't see the end of it. Looking at the extended sheet, we realized there was an overwhelming amount of material to be included both in the exhibition and in the publication. That made us wonder if there was any better way to organize it. We proposed an idea: what if we sliced that scroll-like sheet into individual pages to make a catalog, and cut it partially for use as a promotional banner? We even imagined turning it into a fold-out leaflet—like merging and splitting cells in a spreadsheet according to content. Eventually, we proposed a format that physically materialized this logic, and this idea extended into the exhibition poster, leaflet, banner, and catalog design. The catalog retained the feeling of a Google Sheet being cut and pasted together—if you tear out and reconnect the pages, you can reconstruct the original spreadsheet.

We also thought about how digital files transform when printed into physical books, and that concept led to ideas for the exhibition space. We asked COM, the spatial design team, to render the Google Sheet into a physical structure. The result was a modular shelf system in which the units could merge and divide depending on the exhibition content—creating a flexible and dynamic exhibition environment. This project faithfully reflected the process of converting a digitized Excel sheet into physical form.

KL: So it started with the scroll that Gahee brought in, and eventually expanded into the exhibition space itself.

SD: Exactly. Excel sheets extend endlessly along rows and columns. But when COM started designing the spatial layout according to the timeline, they had to reorganize the flow to fit the movement of people. In Excel, you expect all content to flow continuously and logically—but that's not always possible in a physical exhibition. We had to rethink the design to ensure that visitors could navigate the space and intuitively grasp the information.

KL: I think one of the clearest examples of the relationship between paper and physical space was *Title of the Show* by Julia Born, including the book that accompanied the exhibition.

SH: I remember being completely struck by that book at the time. Julia Born also recently designed a catalog[5] for the

---

5   *MEINEJUDEN* (Miriam Cahn, 2022, DISTANZ Verlag).

artist Miriam Cahn, and that book cleverly uses fold-out flaps to reflect the division of the exhibition space.

Feuilles
Mediabus, 2018, Eom Yu Jeong

SD: Another case where we wanted to emphasize the spatial qualities of the book was *Feuilles* by artist Eum Yu Jeong. For this book, we used four types of paper: manual paper, mozo paper, M-matte paper, and Montblanc. Each type of paper has its own subtle texture, thickness, and level of gloss, which I thought would generate different abstract, spatial impressions throughout the book. Moreover, the included artworks varied in character and medium, so we also considered the functional aspect of differentiating between them. For example, the drawings printed on thinner paper were light and small in scale, whereas works that were larger and painted in thicker layers were printed on heavier, glossier paper. We tried to translate the physical qualities of each artwork into the book through how the paper reacted to ink—almost like reinterpreting an exhibition space through the format of a book.

KL: When talking about that book, we can't skip mentioning the *Best Book Design From All Over the World*. Shin Shin doesn't work exclusively on books, but your first submission ended up being selected as one of the most beautiful books in the world. I'm curious how that felt. You could also speak about how the award system works. I feel like everything we've been talking about connects back to this idea of the "archetype" of the book—often starting with the paperback. Around the world, many countries select and award the best book designs but most of these awards tend to emphasize classical values like craftsmanship or harmony in design.

> SD: The methodology we used in *Feuilles* by Eum Yu Jeong is something we've actually been exploring since our undergraduate years. We've long been interested in the close connection between visual elements and the physical materials that carry them, and we've experimented with that relationship whenever the opportunity arose. What made the award process so exciting and rewarding wasn't just winning—it was the realization that the intentions and decisions we made during the design process had been fully understood. It felt meaningful to see our hypothesis—that thoughtful design and production choices alone could highlight new facets of the book as a medium and lead to new reading experiences—formally recognized. In a way, this book can be seen as a subtle update to the paperback format. We didn't use excessive finishing or complex binding techniques, but because the book includes delicate drawings, we paid careful attention to every step of production to make sure it matched the tone and context. Small decisions add up to shape the book's overall feel.
>
> That said, I'm not entirely convinced that the domestic and international "Most Beautiful Books" award systems can be truly objective. I think it's nearly impossible to create a list of winners that everyone will agree on. Still, I hope that these awards can do more than evaluate design or production quality—they should encourage new ways of imagining what books can be. I'm not talking about craft-based art books here. I'm talking about the books we all know—

objects made of bound sheets of paper, mass-produced in factories. Within that familiar form, we can still experience reading in multidimensional ways. If the award system supports books as interfaces that invite diverse experiments, then I think it can truly be meaningful. That kind of support can expand our assumptions about the book as a medium and open up more varied ways of reading.

Ob.Scene Volume 3
Ob/scene, 2014, edited by Hyejin Bang, Hyun Seewon

SH: This is *Ob.Scene* Volume 3, which we designed. The book starts with rough paper and gradually shifts toward smoother textures as it progresses. While working on it, we referred to an essay included in the book by Park Haecheon titled "Voices." The piece captures a blend of voices overlapping in a café setting. Rather than typesetting the text in a single typeface, we thought it might be interesting to use multiple typefaces while adjusting them to appear uniform—subtly revealing tonal differences. That idea became the starting point, and from there, we focused on expressing various tones through typography, paper, and printing methods.

SD: To express the presence of multiple voices, we alternated between six different typefaces. It was an attempt to make that plurality felt through typography, but we also wanted the production process to reflect those elements. *Ob.Scene* is a journal about performing arts, so we imagined the paper itself as a kind of stage. We explored a format that began with coarse paper and gradually shifted toward

==smoother, glossier stock.== The goal was to let readers intuitively sense subtle changes in space or atmosphere as they turned the pages, without making the reading experience uncomfortable.

Human/I
rasunpress, 2021, IM Youngzoo

SH: I think it would be good to begin our discussion of the book by quoting how it's introduced on the rasunpress website:

"It simultaneously hints at both the central theme of Human/I and the method used to approach its questions. If the subject lies in the idea that modern technoculture and its mechanisms embody a primordial human desire toward the outside or the beyond, then the process of making this visible involves connecting images, texts, and phenomena that appear to be unrelated or even contradictory from the standpoint of common sense—drawing speculative links between them. The book is the result of structuring that process."

In this book, we needed a system that would allow heterogeneous materials to be clearly connected, even if not seamlessly. That led us to actively use devices like "holes" and "pop-ups." For example, we created printed, virtual holes—rather than physical ones—on both sides of the page to link main text and footnotes, making it possible for the reader to move through the book almost as if teleporting. We also layered separate pages and images over the main body of the book like pop-up windows, allowing readers to engage with the content in new ways. As a result, elements that might not seem compatible collide and yet connect fluidly, and the reader experiences a layered, multidimensional act of reading.

SD: And beyond being a finished object, the book also served multiple roles—it was even used as a performance script by the artist. So rather than being a final destination, the book functioned more as an intermediary passage, a kind of "hole" that linked together various contexts.

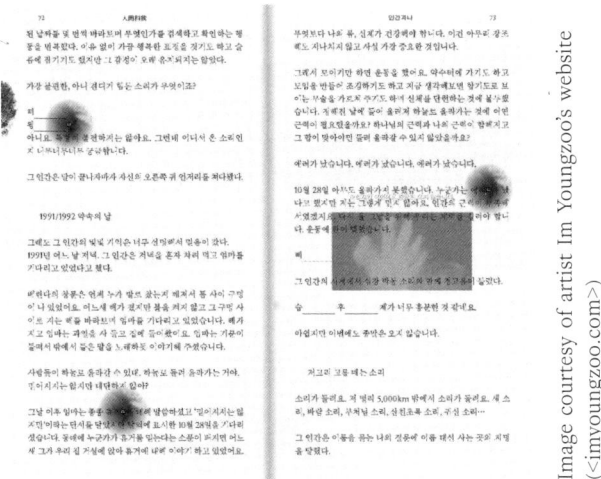

FIGURE TEXT: Wonder Festival Report
Kittaiten, 2019, Don Sunpil

SD: This book is, structurally speaking, a standard paperback, but we produced the entire thing using colored paper to echo the sculptural form of the gray resin figures that the artist explores. It was designed to look like a pure gray cube.

SH: Rather than emphasizing the various elements that make up a book, we wanted the book to appear as a singular, solid mass.

SD: Exactly. The use of colored paper was a way to metaphorically reflect the artist's attitude—one that contemplates form, aesthetic sensibility, and the culture surrounding these figures. Aside from that, we followed a fairly conventional paperback format. One more thing: since the artist views figures as products, as objects with edition numbers and collectible value, we made a rigid PVC jacket and sealed it with a tamper-evident sticker—mimicking the packaging of a limited-edition figure.

Image courtesy of artist Don Sunpil's website (<donsunpil.com>)

Retrospecta 41

SH: As Ulises Carrión once said, "A book is a sequence of spaces." For us, the idea that a book unfolds sequentially—from the moment the cover is opened to when it's closed—is incredibly important. Carrión also noted that, unlike other printed media like posters, books are closer to film as a medium. *Retrospecta 41* is a book I worked on with my friend Willis Kingery during graduate school, commissioned by the Yale School of Architecture (YSoA). The central design concept for this book was time. Structured according to the 2017–2018 academic calendar of the architecture school, the book documents lectures, publications, and the academic, social, and political events that shaped the school environment during that year. It covers the period from the fall semester to the end of the summer session, and each page functions almost like a clock. There's an index, and the timeline is literally mapped out. We treated each page as a single day in a planner, so as you turn the pages, you experience the passage of time. On days when many events happened, there are pop-up elements like windows appearing on the page; in contrast, other pages remain relatively empty. These pop-up windows act like sundials—at the start of the book, they cast long, faint shadows, and as the timeline reaches midterm, the shadows grow shorter and darker. Then, as the spring semester progresses, the shadows stretch in the opposite direction and lighten again.

SD: It was a project that aimed to visualize the passage of time through changing pages. Coming back to paperbacks—like we said before, we think of the paperback as something close to an archetype. What's fascinating for us is how that archetype can shift when specific elements are introduced. A seemingly ordinary book suddenly becomes something entirely different, materially speaking. For us, a book becomes special or unusual not because of flashy specs or extravagant production, but when the structure of the book is challenged and intervened upon. That's where our thinking usually starts—and it's within those kinds of questions that we want to continue making new books.

Handle-Book Classic
Hwawon, 2024, Shin Shin

SH: In this project, we wanted to exaggerate the relationship between the book as a medium and the notion of time. We thought of turning a page as an act of moving forward—like imagining that flipping from page 1 to 5 was the same as taking five steps forward. In film, driving scenes appear in many forms. There are reckless chase scenes with acrobatic steering, or moments when a sudden turn of the wheel during an argument signals that the characters' story is about to veer in an entirely new direction. This book, which collects the hands and steering wheels of drivers from various scenes in classic Korean cinema, reimagines reading as a form of driving. As the pages unfold in sequence, they provide direction to the forward momentum. Each page shows which direction the character is steering, so the reader doesn't just turn the page—they begin to sense narrative motion and orientation with every flip.

SD: Here, when an image is laid out horizontally, it indicates that the character is driving straight. On the other hand, when the image tilts to the left, it suggests the driver is making a left turn in the film.

KL: I saw the exhibition at the Korean Film Archive. I watched the video too. Like with the *Gathering Flowers* exhibition, I get the sense that you often incorporate performative elements into the static medium of books. You frequently extend books into exhibitions as well. It seems like Shin Shin is very interested in re-presenting or animating books through other media—film, performance, or installation.

Handle-Book Classic reading performance (vidoe: Park Sungsoo)

SD: These days, since so much book promotion happens on social media, we often need to turn a three-dimensional object into digital images. While a single image can suffice, we chose to film someone reading the book—to show how the book works in relation to the body. We believe that this process can reveal some of the unique properties of the book as a medium. Most books are composed of pages, and when people browse through them, they often flip quickly with their fingers. Since books function through the movement of the body, we've been thinking a lot about the relationship between the book and physicality.

KL: Books always require the human body. It seems like Shin Shin does a lot of performance work involving books—and many of your book projects reflect that as well.

Openings: Night, Paper, Glass
Mediabus, 2025, Youngeun Sohn

SH: The book we're currently working on, documenting the performances of artist Son Youngeun, is also going to be made as a paperback. Earlier, when Donghyeok mentioned the intriguing aspects of the paperback format, he said it reminded him of comic books. For me, I was reminded of the flat, thin "Inquiry Life" booklets we were given during school vacations in elementary school. On the last day of the semester, we'd receive these books filled with various tasks and activities to complete over the break. I remember attaching photos of what I'd done, doing paper folding activities, and by the time school started again, I'd proudly return with a fattened booklet—and I even won an award for it. I really loved that experience. There was something satisfying about completing the book through action. That's the kind of concept I wanted to bring into this project.

Openings: Night, Paper, Glass is a performance-based exhibition composed of three distinct "openings." It's important to understand how each of these openings transforms and activates the exhibition space. The goal isn't to display static artworks, but to create timed encounters where audiences engage with the works and share emotional experiences. In this project, the graphic designer was invited as an active participant throughout the entire process—a producer of by-products. I've been creating materials needed before each performance begins, and I also collect leftover traces after each performance ends to integrate them into the book. For instance, I've designed scripts used during the performances, and after they end, I insert remaining elements into the already-produced book. In this way, I've been building up a pile of paper—like a bulging pouch—that keeps shifting and being renewed throughout the duration of the show. I also respond to the artist's content by punching holes through pages, or inserting carbon paper mid-book so that opening and closing the pages leaves behind stains. In the end, we're exploring how a book, initially produced in advance, transforms over the course of the exhibition, responds to various events, and accumulates traces of what happened—translating all of that into a book's physical form.

A book making in process along with exhibition making (photographed by @es6uiw)

Portrait
Co-published by Mediabus, Hwawon, Propaganda, 2024, Na Kim

KL: Speaking of process, I understand that *Portrait* by artist Na Kim was also a book developed over a long period of time.

> SD: *Portrait* went through a long and complex production process, but in the end, we wanted it to take the form of a paperback. That's the format we feel most aligned with. Even if the process is intense and serious, we hope the result can be something that readers approach with ease. Youngeun Sohn's book also condenses content accumulated over a long period of time into single pages. Each chapter contains the layered outcomes of many hours and processes compressed into a single sheet of paper. We believe this approach offers readers a variety of experiences while also making complex narratives feel intuitive and accessible.

> SH: It's true that readers may not be able to absorb every layer of sediment built up that way, but in the case of Na Kim's book, it was created like an extended exchange of letters over time.

> SD: Exactly. Na Kim has long been interested in discovering abstract elements in readymade graphics—things like stickers or candy wrappers—and continuing her work from there. The pieces she created were later archived in physical form for her solo exhibition at Doosan Gallery, and I thought it would be meaningful if that archive could serve as raw material for new work. *Portrait* was designed and

conceptualized as both a palette and foundation for that new work.

SH: More specifically, we used a 230 × 300 mm format to present full-scale reproductions of the archived materials, centrally aligned on each page. Near the end of the book, we placed thumbnail versions of each spread in the corner, almost like a kind of family tree. Through this structure, we wanted to show the vast web of connections that a single image can generate and spawn. It was about intuitively revealing the layers of context and history that surround a single, seemingly flat image—both before and after it appears.

Window Project
Hwawon, 2024, Shin Shin

SD: I think we can introduce the background of this book by quoting the following description:

> "*Window Project*, carried out as part of the 'Revisiting the Art Bookshop' initiative at the National Museum of Modern and Contemporary Art, Seoul, was an installation that applied print production symbols onto the windows surrounding the museum bookshop. On the windows facing the street, reinterpretations of color bars were installed as pseudo-stained glass; on the interior corridor windows, halftone dots appeared; and proofreading marks were placed along the corridor floor—ornamenting the surrounding landscape of the publications displayed in the bookshop. The graphics

installed in the space interacted with sunlight, creating a new landscape, which was then reflattened through photography by Park Seongsu and compiled into a publication of the same name. Through a process of spatial–graphic–photographic–printed transformations, this book documents the multi-dimensional landscape inherent to books."

This book was commissioned by the museum bookshop to record the window graphics and to serve as a mediator that establishes a relationship with the books placed in the shop. If the books displayed in the shop represent finalized printed products, the graphics on the windows were meant to recall the printing symbols that disappear during production—bringing their histories back into view. These print-related graphics, interacting with sunlight, created new scenes within the bookshop, which we documented together with a photographer. When we re-edited these photographs to match the layout of a printing test sheet and reprinted them, the final product ended up somewhere between a photo book and a folded dummy sheet used for print testing—making its nature deliberately ambiguous. We thought this could reveal the idea of an "intermediate stage" between the book and its surroundings. After all, most books only exist as finished objects. We wanted to capture the process by which a book is made—the printing onto large press sheets, folding, binding, and trimming. Normally, when a sewn binding is completed but not yet trimmed, the inner pages remain connected. Once trimmed and combined with the cover, they take on the familiar form of a book. ==But to emphasize the concept of "process," we chose to leave it in that pre-trimmed state.==

This book, made by folding four different press sheets, is designed so that as you turn the pages, you can naturally experience traces of the printing process.

SH: Since this project was about working with the space of the "Art Bookshop with books," we focused on visually unfolding how a book comes into being. We actively incorporated various elements used during the printing process into the design. For example, test patterns used to align pins on the press or adjust ink density were included as part of the layout. We intentionally blurred the boundary between whether this book was a photography book or a graphic design piece. Instead of treating each page individually, we composed the entire structure as one flattened image. In the installed scenery, sunlight reflecting off the glass seeped into the interior of the bookshop, creating abstract images. We captured those moments and reinterpreted them into an intermediate state—before the book's completion—which became the foundation for this project. Honestly, this was only possible because the book was produced through Hwawon, and we had the freedom to carry out the work ourselves.

Hwawon
2022–, Shin Shin

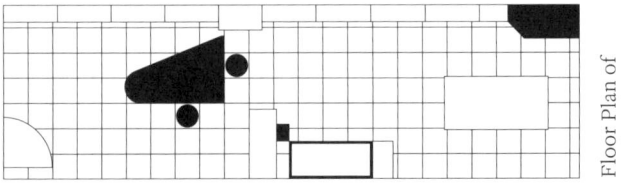

Floor Plan of Hwawon

KL: Hwawon seems to hold a special meaning for Shin Shin. It's a publisher run by designers, but it feels less like a traditional publishing house and more like a publishing project—with much greater autonomy, making books for designers themselves. Recently, you even named your new office space "Hwawon" and planned it as a semi-private, semi-public project space. Could you tell us more about Hwawon?

> SD: Looking back to when we first started Hwawon, we noticed that while the outcomes of our design work often got archived or discussed, the actual processes and methodologies behind them rarely did. We always felt that the process itself was crucial, and naturally became interested in capturing and recording it. Of course, it would have been ideal if someone else had taken on that task, but since it's not a marketable activity, we eventually realized we had to do it ourselves. Producing and distributing these projects on our own felt too overwhelming, so we thought it would be better to collaborate with Mediabus, with whom we've had a long-standing relationship.

KL: There are other studios or designers who run small publishing projects, but distribution always seems to be the tricky part. Not every publication under Hwawon follows the same distribution model. Some books are only introduced through book fairs, others are sold through regular bookstores, and some exist purely as conceptual objects without being for sale at all.

> SD: Exactly. Maybe because we started this whole discussion with paperbacks, but for us, economic conditions really matter. We're not aiming to make a profit through pub-

lishing, but at the very least, we hope not to lose money. That kind of reality inevitably shapes the physical form of the books themselves. Rather than forcing our way past those limitations, we think it's more important to acknowledge and work within them to find realistic alternatives. As long as the books can be produced and circulated safely, that's enough for us. Ultimately, Hwawon was born from that mindset. We wanted to create a channel where we could share our alibis, meet witnesses and companions to our concerns, and exchange our interests together.

Hwawon

In the margins of the book (workig title)
Hwawon, 2026, Nobuyoshi Kikuchi

KL: In June 2024, Shin Shin rented a small screening room in Seongsu-dong to show the documentary *Book–Paper–Scissors*. You invited friends and colleagues to watch it together, and it left a strong impression. Many designers and people from the art world that I know were there too, and it felt like you wanted to share the values you believe in. I have two questions. First, why was that documentary film so moving to you? The person featured in it, who sadly passed away, designed over 10,000 books across his lifetime and was an immensely important figure in Japanese book design. Why did you want to watch that film together with your fellow designers? Second, I heard that you're preparing to publish a Korean translation of a book he wrote under the Hwawon imprint. Could you briefly share about that as well—why you wanted to publish a Korean edition of his book?

> SH: That book isn't simply about design methodology or book design itself—it's about how the author has lived, what they love, and how they've created beauty. In other words, it's partly about the design process, but it's also about a perspective, an attitude that a designer holds toward life.

> SD: Of course, their views on books and design are interesting, but these days we find ourselves more focused on recording intuition. Sometimes, it feels more important to capture those fleeting sensory ideas that come up spontaneously rather than trying to explain everything logically.

KL: Intuition?

> SD: Yes, intuition is such an important element. Logical explanations have their place, but the intuitive and sensory elements that emerge from a creator's experience are equally crucial. Originality often comes from the accumulation of those elements. Sometimes, an idea feels so abstract that it's difficult to articulate in words—but that very vagueness can actually become a powerful driving force for creation.

SH: When people hear that a book designer has written a book, they usually expect it to be about typography or book design outcomes. But instead, he shared stories about the beauties he had discovered and the things he loved—very everyday things. The book that appeared in Nobuyoshi Kikuchi's documentary film shows, not through logic but through attitude, how his life and daily routines influenced his work. That's why we decided to publish this book in Korean. It feels almost like a collection of examples that show how a designer can look at everyday landscapes and continue weaving threads of thought from them.

SD: We didn't organize the screening with the aim of delivering a specific message. Rather, by looking at the life and works of Nobuyoshi Kikuchi—a designer who helped lead the golden era of Japanese book design—we hoped it would prompt us to question what direction we should move toward after the 2020s. It wasn't about admiring his romantic, beautiful, and sometimes hollow-looking life from a distance, but about witnessing together, with others, the kind of long-term thinking involved in merging work and life, connecting everyday discoveries to creative work, and allowing that work to in turn reshape daily life.

Catchword
Hwawon, 2025, Shin Haeok

SH: Another book we're preparing to publish through Hwawon is about the idea of "the sequence of books," which has come up several times in today's conversation.

When I was little, my parents bought a lot of encyclopedia and series collections—world literature sets, science encyclopedias, things like that. My sibling and I would often use those books to build bridges around the house. We made bridges stretching from the living room to the bathroom, or stepping stones connecting my room to my parents' bedroom. Some bridges were easy to cross, while others required jumping, and sometimes we imagined they were built over lava, where falling meant instant death. (laughs) The important thing was to step forward, book by book, and if you crossed all the books in order without falling, you completed the game. I realized that reading a book is a bit like that too—it's a long journey from the first page to the last, following a story step by step. I thought this memory could be linked to the experience of reading.

Around 1700, the scholar and physician John Locke wrote a slim book about how to compile a personal anthology from stories and knowledge around you. I'm translating that text and adding my own collected stories to create a new book. This book will act as a container for future additions and will also serve as a tool for a reading performance. I plan to lay the book's pages out like stepping stones, and, just like when I was a child, jump across them—reading a page each time I land.

SD: This project feels like an expanded version of what Haeok tried with *False Starwort*. Back then, she connected quotation fragments into full chapters, but this time, it will happen on a larger scale—maybe connecting dozens of pages at a time, almost like assembling a magazine. The overarching message behind these fragmentary texts will be realized through the stepping-stone performance at the exhibitions in Fukuoka and Osaka this April.

KL: It sounds really interesting. Could you briefly explain the exhibitions in Fukuoka and Osaka happening in April 2025?

SD: Although the two exhibitions will deal with the same project, the presentation will differ depending on the conditions and context of each space. It's not exactly an exhibition "by Shin Shin" per se, but rather a kind of two-person show where Haeeok and I each present our individual concerns in one shared space. I hope our distinct threads will naturally weave together, allowing the identity of Shin Shin to subtly emerge. Even though we've spent a lot of time talking about books, ultimately, as graphic designers, we're always thinking about how images and text are produced and circulated. I'll be expressing my part through posters, and Haeeok will explore hers through the classical medium of books.

Gunsan Book Fair 2024

KL: Shin Shin participates in exhibitions frequently, but it also seems like you really enjoy directly meeting readers through events like book fairs. You took part in the Gunsan Book Fair in 2024—how was that experience?

SD: It was a really fun experience. We had been to the New York Art Book Fair with Mediabus before, but there haven't been that many opportunities where we participated under the name of Hwawon. Honestly, we didn't expect our books to be easily understood by general visitors. But while explaining our books at the Gunsan Book Fair, we realized at some point that it wasn't just a one-way explanation—it had become an actual conversation with the visitors. I think I felt a strange sense of exhilaration then. Plus, we sold all the books we brought.

KL: In a way, it might seem odd that a designer would have to verbally explain their work, but with Shin Shin's books—especially Hwawon's publications—there's a special reason for it. Instead of following a singular overarching design methodology, each book applies specific strategies that aren't immediately intuitive. But once you hear the background explanation, you get a clearer sense of the intention, and that realization can be really satisfying. It also expands the reader's perception and understanding of the book.

SD: Honestly, even the books we thought "Would anyone really buy this?" sold out. That experience made us realize that we needed a space where we could consistently introduce and share our books, not just at book fairs. Experiencing direct distribution and seeing how books could be delivered under different conditions made us naturally feel the need for a physical space. We're excited about the possibilities of experimenting with new approaches through this space, using books as a medium.

SH: We named it "Hwawon" while imagining it as a garden filled with the books we've planted. We hope it won't just be a personal space, but a community space where we can meet, share, and connect with people. After all, making books is, at its core, about having conversations with others.

A BOOK MOVES FORWARD
—BOOK, TIME, SPACE

First edition printed on	June 16, 2025
Author & Design	Shin Shin
	Shin Haeok & Shin Donghyeok
Publisher	Mediabus
English Translation	Lee Miji
Printing and Binding	Segyeolum

ISBN 979-11-90434-81-2 (03600)
ISBN 978-89-94027-76-0 (set)
KRW 15,000

ISBN 979-11-90434-81-2 (03600) KRW 15,000